CÓMO NO SER UNA MAMÁ IDEAL

Ana von Rebeur

CÓMO NO SER UNA MAMÁ IDEAL

Ilustraciones de la propia autora

ROBIN
BOOK

Bookspan
501 Franklin Avenue
Garden City, NY 11530

Licencia editorial para Bookspan por
cortesía de Ediciones Robinbook, S.C. Barcelona

© 2005, Ana von Rebeur

© 2005, Ediciones Robinbook, s. l., Barcelona

Diseño de cubierta e interior: Cifra (www.cifra.cc)
Ilustración de cubierta: Ana von Rebeur
Fotografía de cubierta: Jordi Oliver
ISBN: 84-7927-754-8

Impreso en U.S.A. - *Printed in U.S.A.*

Dedico este libro a mis hijos Martín, Melisa y Fernando y a mi sobrino Ariel —cuatro inagotables fuentes de inspiración—, porque me otorgan el inmenso honor de ser partícipe de sus vidas, porque me demuestran que el amor se multiplica cuando se da, porque soportan con paciencia infinita mis largas horas escribiendo y porque sin ellos éste sería un libro de ciencia ficción.

Y a Julia Saltzamann, mi agradecimiento por su dedicación invalorable, personalizada, artesanal y a destajo.

¿QUIÉN NOS ENSEÑA A SER MADRES?

Nadie. Ni siquiera tu propia madre quien, según opinan todos los analistas a los que acudiste para que te ayuden a reconciliarte con ella, lo hizo todo mal. No vamos a suponer que diez analistas de corrientes psicoanalíticas diversas van a ponerse de acuerdo para confabularse contra tu madre, ¿no?

No hay libros ni enciclopedias que expliquen técnicas para lograr que un bebé no pierda el interés en los agujeros del enchufe, que un chico se muestre feliz ante un plato de acelgas hervidas o que un adolescente aprenda a comunicarse de otra manera que no sea «¿Me das pasta?».

Los manuales de puericultura se acaban en el momento exacto en que los hijos empiezan a movilizarse por su cuenta y a desarrollar opiniones propias, que es cuando llegan gateando a poner medio kilo de plastilina dentro de la vídeograbadora. ¡Y ése es justo el momento en el que más necesitamos que nos digan qué hay que hacer con ellos!

Es cierto que hay libros que hablan de chicos en edad escolar y de la prepubertad. Pero todos ellos se limitan a describir cada etapa, como si no supiéramos qué es lo que está pasando cotidianamente, en vivo y en directo, ante nuestros frustrados ojos. Vale, a los dos años dicen a todo que «NO». ¿Cómo se hace para persuadirlos para que digan que «SÍ», aunque sea una vez al día, sin convertirlos en unos flanes humanos sin determinación ni voluntad propia? Ningún libro te lo dice. Ya sabemos que los cuatro años es la edad de los «porqués».

¿Cómo saber si a la vigésima explicación se puede decir «tienes que hacerlo porque me da la gana» sin que el chico sienta que está bajo la tutela de un ser tan arbitrario y autoritario como un dictador de republiqueta bananera, coartándole para siempre la inquietud por saber?

Nadie nos dice cómo disuadir al hijo mayor de que no aplaste al menor, cómo convencerlos de que jugar a tocar el timbre de los vecinos y salir corriendo nos enemista con el barrio entero, cómo explicarle al más chico que su vaso de coca-cola no tiene un mililitro menos que el de su hermano.

¿Cómo pretenden que la madres no hagamos las cosas mal, si nos pasamos la vida improvisando, sacando las castañas del fuego a sabiendas de que DEBE existir alguna manera más pedagógica de lograr que un chico tome su jugo de naranjas cargado de vitaminas que amenazarlo con dejarlo durmiendo a la intemperie y bajo la lluvia si no lo toma?

Porque ser madre supone: registrar a la velocidad de la luz el listado de las cosas más espantosas y detestables que pueda sufrir un niño, para amenazarlo con efectivizar sus peores pesadillas cuando no nos hace caso, a la vez que en otra parte del cerebro repasamos el listado de sus placeres más embriagadores para amenazarlos con quitárselos por periodos determinados (digamos, unos veinte años) si no terminan el puré, no hacen la tarea o, simplemente, no se van a bañar.

Tal vez el remedio de la abuela era mejor: sin palabras, un chancletazo en las nalgas y listo. Estar pensando qué es lo que más odia el de tres años, lo que más desteta la de ocho y cómo chantajear emocionalmente al de doce nos deja literalmente agotadas. Filtradas mentalmente. Terminamos diciendo cosas tan absurdas como: «Si no te bañas ya, olvídate de ir a las atracciones» al de quince años y amenazando con «Si no tomas la sopa, no te dejo usar el teléfono durante una semana» al de ocho meses.

Las que consultamos esto con un psicólogo, nos encontramos con que todos nos dicen que la buena maternidad consiste en hablar con dulzura, calma y firmeza, cumpliendo a pie juntillas las amenazas para que no duden de que hablamos en serio.

—Amorcito mío, si no dejas ya de pintarme la pared del salón con esmalte de uñas, te aseguro que esta noche no te doy el biberón.

Eso es un tiro por la culata. Después, ¿quién duerme con los gritos de un bebé que tiene un hambre feroz?

—Dije que si no parabas de llorar te iba a encerrar en el altillo, donde está lleno de ratas, y me dijo el doctor Guzmán que lo tengo que cumplir.

Dicen que eso funciona. Los psicólogos, ¿tendrán hijos? Dicen que la hija menor del doctor Piaget, el padre de las técnicas educativas de la escuela argentina, terminó suicidándose. Diría que no es un dato que me sorprenda.

Pero aunque tengamos la culpa de todo, y todo el mundo lo sepa, una necesidad social lleva a que las autoridades municipales sientan el impulso de honrar a las madres. Mujeres son esos seres que tienen un busto en vida, mientras que los hombres tienen un busto después de muertos. Todas las plazas del mundo tienen estatuas ecuestres y bustos homenajeando a señores importantes. No hay bustos dedicados a mujeres importantes. ¿Eso quiere decir que no hay mujeres importantes? Perdón, las MADRES sí lo son, por el sólo hecho de fregar calzoncillos y remover la sopa. En cualquier lugar del mundo siempre se encuentra una «Plazoleta a la Madre», con esa extraña estatua que no es ni busto ni ecuestre, sino un objeto sin forma retratado de la cintura para arriba que no es ninguna obra maestra de la escultura, pero que a alguien se le ocurrió copiar millares para honrar la memoria de la sacrosanta madre que nos parió.

Dicha estatua nunca es de bronce ni de hierro, sino de un yeso cachuzo blanqueado a la cal que muestra a una señora con un moño pasado de moda, muy aburrida y enojada, mirando el vacío, con un bebé gordo aferrado al pecho en una chupada infinita.

Tampoco le dedican a este adefesio un honroso sitial en la plaza central del pueblo (la de la iglesia, el municipio y la policía), porque esos podios están reservados para caballeros de recia estampa como Bolívar, Napoleón, Carlos V, Mao Tsé Tung, el Bombero Heroico o el Mecánico Honesto. Nunca una mujer. La única mujer que puede estar en las plazas principales es la Libertad, que ya sabemos que no existe.

Personalmente, tampoco creo que merezcamos el bronce en la plaza central del pueblo. Desconfío profundamente de todo lo que termine honrándose con bronce, hormigón o yeso. Por todos lados hay monumentos a la Patria, cuando nadie sabe dónde queda ese lugar. Hay monumentos a los caídos en la Guerra Civil, pero los soldados veteranos están sin empleo y mendigando en el tren. Hay estatuas ecuestres de próceres de quienes sólo sabemos que está prohibido hablar mal y cuyo aniversario festejamos huyendo a Benidorm rogando que no llueva.

Pero nunca hay monumentos a las cosas que realmente lo merezcan. Los polvorones de la Estepa, por ejemplo. ¿O alguien vio un monumento al aroma del pan recién horneado? El único monumento al Amor y a los Besos que vi en el mundo está en Lima, Perú. Pero no figura en ninguna guía turística. En Oslo, el parque Frogner tiene una maravillosa colección de esculturas del noruego Gustav Vigeland dedicada íntegramente a los abrazos. ¡Pero Oslo queda demasiado lejos!

Yo le haría ahora mismo un monumento a la Sonrisa de Bebé.

Que es la razón primordial por la que vale la pena ser madre.

La naturaleza es tan sabia que logra que una fracción de segundo de un bebé con las comisuras de los labios hacia arriba y dos flamantes dientecitos a la vista nos sirvan de único pago para compensar las jornadas interminables limpiando puré del suelo y mocos de las paredes, zurciendo ropa recosida o colgando cientos de calcetines impares (el Más Allá debe estar lleno de calcetines impares) justo antes de perder el último tren al trabajo que nos permita llegar a tiempo sin mentir que llegamos tarde porque hubo un accidente ferroviario.

Paradójicamente, mientras que el Día de la Madre todos se acuerdan de nosotras —dándose cuenta de repente y por única vez en el año que nos deben la vida, la capacidad de sonarse la nariz utilizando un pañuelo y de masticar con la boca cerrada—, en el trabajo, mencionar que eres madre está considerado como una situación vergonzante. Ser madre es un trabajo no remunerado. Las madres no deben cobrar un sueldo. Ergo, ¿cómo se le ocurre a una madre tener un empleo con un sueldo a fin de mes?

A ningún jefe le entra en la cabeza que la misma mujer que está haciendo un balance de las ventas del mes y va a una reunión de directorio, pueda limpiar el culito y ayudar a memorizar la canción de los «Patitos».

¿Y saben una cosa? A nosotras tampoco nos entra en la cabeza. Nadie sabe cómo, pero logramos encontrar un tiempo para todo, y para caer rendidas, pero felices de ir a la cama con la tarea cumplida.

Dicen que las mujeres avanzamos en los últimos tiempos.

Es cierto. Nuestra bisabuela despotricaba contra la vaca que no daba leche.

Nuestra abuela despotricaba contra la cantidad de ropa que había que lavar a mano.

Nuestras madres despotricaban contra el marido que no se hacía cargo de nada en la casa y le controlaba siempre el dinero para hacer las compras.

Nosotras, en cambio, despotricamos contra el supermercado que nos mandó leche cortada en el pedido que hicimos por internet, contra la lavadora Superturbo UltraSensible que se deprimió con tanto kilos de ropa y se fundió, contra un marido que no levanta algo del suelo ni aunque lo apunten con una pistola, y además, contra nuestros jefes que creen que vivimos para el trabajo de oficina y que nuestra familia se mantiene viva como los cultivos hidropónicos, a base de agua vitaminizada o a través de suero endovenoso portátil.

Vaya que avanzamos: nuestra vida está más llena de complicaciones que nunca en la historia. Estamos en plena era de adelantos científicos y tecnológicos. Estamos rodeadas de electrodomésticos que hay que reparar, especialistas de dedo meñique a los que hay que consultar después de ver al ortodoncista experto en incisivos superiores, y aparatos electrónicos de los que no usamos más que el «on» y el «off», porque necesitaríamos una sentencia a cadena perpetua para tener tiempo de estudiar los respectivos manuales. Sé que mi ordenador tiene un programa para recordarme las fechas de vencimiento de las facturas, si quiero. Pero no quiero que nadie más me recuerde nada. Y menos qué es lo que hay que pagar hoy.

Las mujeres pasamos años soñando con el momento encantado en que una personita adorable de rulitos dorados y mofletes rosados nos diga «Mamá». Y cuando esa personita que gestamos en nuestro vientre, que esperamos con ansiedad, que acunamos con sonrisa embobada nos dice: «¡Mamaaaá!», contestamos ladrando: «¿¿¿QUÉ QUIERES AHORA???».

Pero si viene el genio de la lámpara de Aladino y nos ofrece cambiar de vida, época y lugar en un segundo, le vamos a decir que se meta otra vez en la lámpara y no nos fastidie justo cuando estamos pidiendo turno con el pediatra mientras colamos los fideos y freímos las milanesas.

Porque no cambiaríamos nuestro lugar en la vida ni por todo el oro del mundo.

LA DULCE ESPERA

La llaman «la dulce espera». Yo la llamaría, en realidad «la agridulce espera», no porque una esté embarazada de un chinito, sino porque se pasa nueve meses con la garganta llena de bilis que sube porque en la barriga no tiene lugar para depositarse.

Así y todo, es el momento más anhelado en la vida de toda mujer. Y cuando empieza, a veces no querríamos que terminara jamás. Una se siente plena, importante como nunca... ¿Será por saber que llegará a ser madre o porque mide 145 centímetros de circunferencia?

Nada se compara al hecho de estar embarazada. De alguna manera nos sentimos un milagro de la creación, el centro del universo, una especie de sol en torno al cual giran todos los planetas. Tal vez se deba a nuestras dimensiones planetarias.

Las embarazadas nos sentimos realizadas, como que al fin se cumple el rol esperado toda la vida: nos prolongamos en el futuro a través de nuestro hijo, y nos prolongamos hacia delante con una barriga de medio metro de largo que nos abre paso hasta en el autobús.

Podemos soñar todo lo que querramos con nuestros hijos: si serán talentosos, dulces, atléticos, cariñosos... Aprovechemos ahora a soñar mucho, porque después de nacidos comprobamos que los retoños son tal cual ELLOS habían soñado ser, que tal vez no tiene nada que ver con lo que una soñaba.

Por ejemplo, yo tuve a mi segunda hija para que fuera la compañera incondicional de mi primer hijo. Y ellos jamás juegan juntos, siempre se tuvieron unos celos infernales y se echan la culpa de todo. Pero esto les dio un entrenamiento genial para enfrentarse a las peores circunstancias de la vida en un mundo que es una jungla. Y se ayudan mutuamente si uno de los dos se enferma, y se cubren las espaldas cuando yo me enojo con uno de los dos, haciendo causa común para justificar al otro. No era mi idea soñada cuando estaba embarazada. Pero los resultados son tan buenos como cualquier otro. No se dan besos, ni se abrazan —¡vade retro, Satanás!—, ni comparten un parchís, pero se explican cosas y se acompañan a todas partes, protegiéndose mutuamente.

Si yo hubiera sabido eso estando embarazada, hubiera tenido quintillizos.

CUANDO EL TEST DA POSITIVO

¡Qué momento ése! Cuando al abrir el sobre o el test casero muestra dos rayitas azules en vez de una, y lo miramos bajo trescientos ángulos y veinte fuentes de luz distinta para no equivocarnos. Pero están ahí. Y en el prospecto dice claramente que puede haber falsos negativos, pero jamás un falso positivo. Ese momento marca el antes y el después de todo. Es un poco como las fechas históricas que marcan años a. C. y d. C. Para las madres es lo mismo: nuestra vida se separa en los años a. C. (antes de los chicos) y d. C. (después de los chicos).

Si se pudieran lanzar globos y palomas al aire, pegar cañonazos, sonar campanadas en todas las iglesias, lanzar fuegos artificiales y realizar un concierto de mil voces y mil instrumentos, no alcanzaría nada de eso para hacerle honor a lo que sentimos al saber que seremos madres. Y tampoco querríamos tanta pompa, porque la del embarazo es una alegría íntima, secreta, de a dos. Nadie sabe la alegría enorme que embarga a tu marido y a ti con esa noticia.

Lo que da más lástima es saber lo que se pierde una madre adolescente cuyo embarazo no deseado llega para trastornar proyectos de vida. Y la misma pena da pensar en las mujeres que harían cualquier cosa por ser madres, y que ya pasaron por mil tratamientos infructuosos.

Pero el caso es que cuando tenemos la suerte de que nos suceda, todo cambia demasiado y definitivamente.

Cuando una se entera de que está embarazada se siente un poco mágica. Otra vida se está armando en nuestro interior, está alimentándose de nuestro cuerpo y gracias a nosotras habrá un nuevo ser en el mundo. ¿No somos mágicas? ¡Como para que no nos hayan quemado en la hoguera por hechiceras! ¡Qué miedo que nos tuvieron al saber que podíamos dar vida con tanta facilidad!

Estar embarazada es algo fascinante. Por algo lo llaman «estado interesante». Es que es muy interesante percibir cómo va cambiando el cuerpo de una, cómo va cambiando la actitud de la gente hacia una y cómo se las sigue rebuscando una ante esos cambios.

Es obvio que la barriga de toda embarazada va creciendo día a día. Este crecimiento es tan paulatino que cualquier otra persona lo percibe mejor que una, que casi ni se da cuenta hasta que está sentada y de pronto ve que no se puede levantar porque el peso de la barriga la tiene anclada al sofá. O cuando advierte de golpe que no se puede cortar las uñas de los pies sin ayuda de una tijeras de podar ramas de 90 metros.

El hecho de que sean otros quienes perciban antes nuestro estado, nos hace pasar por situaciones bastante curiosas.

LOS HOMBRES Y NUESTRA TRIPA

Pasan cosas raras cuando una está embarazada.

Por ejemplo, gente con la que antes no intercambiábamos más que un saludo a lo lejos de pronto se tome la libertad de toquetearnos el bajo vientre con un exceso de confianza, o hasta de zarandearnos la barriga con ambas manos a la vez que exclaman: «¿Embarazada? ¡Qué bonito! ¡Te felicito!».

Los más correctísimos caballeros con los que no pasábamos de decir «Buenos días, ¿cómo está usted?», empiezan de pronto a hablarnos de intimidades que jamás de los jamases hubieran considerado antes como tema de conversación sin ponerse colorados. Y una se sorprende descubriendo que desde su jefe hasta el portero del edificio le hablan sin dramas de desgarros en la vulva, episiotomías, cesáreas, análisis de líquido amniótico, roturas de bolsas, pezones irritados, donación de semen y otros temas poco adecuados para la hora de la cena, pero menos adecuados aún para comentar en un viaje dentro de un ascensor atestado de gente.

—¿Estás embarazada? ¿Para cuándo? —me preguntó un día mi jefe en la planta baja.

—Para abril —le dije acomodando mi humanidad tras un señor con un bolso embarazado de nueve meses.

—O sea que lo encargaste durante las vacaciones de invierno —dice él a la nuca pecosa de un señor pelirrojo que miraba interesadísimo el indicador de pisos luminoso—. ¿Fue al primer intento, o te costó quedarte embarazada?

—¡Segundooo! —dice el ascensorista, cuya voz me sonó a la de un ángel.

—Las mujeres quedan embarazadas en las vacaciones... Durante el resto del año no hay tiempo de hacer los deberes... ¿no? —sigue el jefe con un vozarrón directo hacia los tímpanos de otros ocho perfectos desconocidos.

—No, claro —dice una, roja como una remolacha.

—Tú tuviste suerte. Yo a mi primer hijo me costó un año y medio encargarlo... Y... no prendía la vacuna. Es horrible: uno a esa altura lo hace por obligación —comenta el jefe a la nuca del pelirrojo.

—¿Y cómo lo solucionaron? —pregunté, aliviada de no ser ya el foco de atención.

—Tuvimos que tomar medicamentos, porque el flujo vaginal de mi mujer era muy ácido para mis espermatozoides. Entonces le dimos duro... y nació Matías.

—¡Octaaavooo! —nos gritó el ascensorista, como queriendo frenar la cosa antes de que mi jefe explicara en qué posición lo hacía o me preguntara en qué posición lo hice yo.

¿Acaso alguien piensa que un señor mayor, calvo, con traje y corbata, que es el jefe de una, vaya a hablar de estas cosas en un ascensor repleto si no se encuentra con una subalterna embarazada? No. Sucede que las embarazadas somos una prueba flagrante de que estuvimos revolcándonos en la cama (o, para el caso, en un ascensor) con otro señor, lo que de alguna manera resulta una confesión abierta que estimula en los otros las ganas de confesar intimidades de lo más insólitas.

—El parto de mi señora fue tan complicado que se le hizo un tajo que le llegó casi hasta el ano.

—Mi esposa hizo tanta fuerza al empujar que se cagó encima.

—Mi señora quedó embarazada durante esa semana que hubo corte de luz y por la noche no sabíamos qué narices hacer.

—¿No tienes hongos vaginales? Mira que los hongos afectan la vista del bebé...

—Ojo con los pezones, que en la lactancia se te hacen bolsa...

¿Palabras de nuestro ginecólogo? No: estos diálogos los podemos escuchar de boca de los compañeros de trabajo, del gerente de Recursos Humanos, de un taxista, del quiosquero de la esquina, del mecánico del coche o del profesor de guitarra de nuestro hijo.

Hasta aquellos señores circunspectos de los que desconocíamos todo excepto su nombre y profesión, de golpe nos entran a contar jugosos detalles de índole médica, sexual y kamasutriana, acerca de cómo y cuántas veces por día intentaron que su señora quedara por fin embarazada. Y en medio de una reunión de negocios son capaces de contar cuántos puntos de episiotomía le hizo el médico a su señora, cómo salió la placenta y de qué color fue la caquita del bebé.

Se desahogan con una que, en calidad de embarazada, ya no es una mujer sino algo así como una incubadora con patas, y por ende, totalmente asexuada. La vulva de una embarazada ya no es el objeto del deseo sino el lugar por donde saldrá el bebé. Las tetas de una embarazada ya no son una zona erógena sino el lugar por donde saldrá la leche.

Lentamente nos van programando para que vivamos en función del bebé.

Cuando los hombres nos vienen con estas crudas historias, habría que contestarles algo más crudo aún:

—¿Así que tu esposa no está embarazada? ¿Y no te contaste los espermatozoides? Porque mira que cada vez hay más tipos infértiles por usar pantalones como lo tuyos...

Si es posible, dentro de un ascensor lleno y a gritos.

LAS NUEVE LUNAS QUE TE HACEN VER LAS ESTRELLAS

Primer mes

Una nunca descubre que está embarazada. Lo primero que piensa es que está enferma, pero de una enfermedad mortal. Todas las evidencias apuntan a eso: cualquier cosa nos da náuseas y mareos. El olor a perfume, cigarrillo y café nos da asco. Una se la pasa vomitando, no tolera comidas que antes la enloquecían y quiere comer cosas que antes ni sabía que existían. Yo me desperté una noche deseando con ansias comer rúcula y sin saber si eso se conseguía en una farmacia, una panadería o una ferretería.

El primer mes es terrible. Tienes sueño todo el día, te duermes parada en el autobús, te pones a llorar porque en la radio dicen que hoy la presión atmosférica es muy baja, y te sientes hinchada, gorda, fea y exhausta. Cuando llega el segundo mes te enteras de que no se trata de ninguna enfermedad grave, sino de que llevas en tu cuerpo a un bebé que cambiará la historia de tu vida.

Nunca más volverás a ser una mujer. A partir de ese momento, eres una MADRE.

Segundo mes

Tienes un hambre feroz, pero puedes comer lo que quieras, total, si engordas, dices que tu barriga es por el embarazo.

Luego viene la parte en que hay que escoger un médico. Todos parecen medianamente buenos para pedir análisis, ecografías, etc. Pero si escuchas las conversaciones de las pacientes en las salas de espera, te enteras de que un médico nunca se encuentra cuando más lo necesitas, y otro tiene una afición por usar el bisturí y hace cesáreas a troche y moche. Todo parece indicar que sabe cómo escribir la orden para una ecografía, aunque no sepa cómo llevar un parto normal. Y, lo que es peor, en la orden para la ecografía la letra no se entiende. Así que ni eso sabe.

En el segundo mes pasan cosas raras. Empiezas a contarle a todo el mundo que estás embarazada, y te tienes que aguantar comentarios como: «¿Otra vez? ¿Ustedes están locos?», «¿Tú querías? Te pregunto para saber si tengo que felicitarte o decirte "¡pobre...!"», «¿Qué marca de condones usan, así no los compro?». O las peores: «¿Y qué piensas hacer?» o «¡Ah, querida, no cuentes conmigo!», dicho por tu propia madre, o sea, la abuela.

Eso sí: al perro no tuviste que contarle nada de tu embarazo. Se nota que ya lo intuyó, porque se comió los pañales y el babero recién comprados e hizo pis encima de tu cama.

Tercer mes

Llevas una cantimplora de Primperan a la oficina para no vomitar todos los documentos que hay encima del escritorio.

Primero no te puedes abrochar los jeans, después los sujetadores se han quedado pequeños, tienes hambre todo el día y te levantas a las tres de la mañana para hacerte hamburguesas con huevos fritos.

Muy pronto tienes que empezar a comprar ropa de embarazadas, demasiada barriga para llevar la de siempre. Conclusión: no sabes qué ponerte, te vistes de una manera espantosa, no sales nunca y te deprimes.

Te empiezan a acosar los temores por tu bebé: ¿Será normal, como el padre, que se rasca la espalda con un tenedor y discute con los gatos del vecino? ¿O como la madre, que suele comerse las uñas de los pies? ¿Tendrá cinco dedos en cada mano, o tendrá un tercer ojo en la frente? Si así fuera, ¿podrá donarse el ojo que le sobra? ¿Será rubio, moreno o con pelo verde? ¿Y si tiene el pelo verde, hay que respetar su aspecto o hay que teñirlo? ¿Cómo se tiñe a un recién nacido? Es más: ¿Cómo se coge a un recién nacido?

Si tenemos una madre A y un padre C, el hijo ¿va de A a C o de C a A? ¿Y si A quiere ir al cine y C quiere ir a la fútbol, qué se hace con el hijo?

Cuarto mes

El bebé ya patea y el obstetra cada vez nos gusta menos. Posiblemente el bebé esté queriendo patear lejos al obstetra. A nuestro alrededor todos opinan que alucinamos con las pataditas del bebé, porque el bebé se mueve como loco en el momento exacto en que nadie nos toca la barriga. Pero basta que nos la toquen para que juegue a las estatuas y se

quede inmóvil, haciéndonos pasar por locas. Como vemos, ya antes de
nacer los chicos no nos hacen caso.

Vamos pensando un nombre para nuestro hijo/a, que siempre es cre-
ativo y singular como Desdémona, Azul, Inti o Ezrabel... pero invariablemente va quedando disimulado en una tímida inicial que secunda a
un primer nombre tradicional como Lucas, Carolina o Matías. Y nuestra locura creativa queda diluida detrás de los primeros nombres del
montón.

Empezamos a mirar en los escaparates cosas completamente inútiles,
pero atractivas porque forman parte de la parafernalia bebil. Por ejemplo, camitas con baño. ¿Cuántos siglos hace que no se usan? ¿Cómo se
usan? Es más: ¿Se puede ser una buena madre sin comprar una camita
de baño para bebé?

Quinto mes

A partir del quinto mes la gente que va por la calle nos empieza a mirar sin ningún disimulo o prejuicio. Vemos en sus ojos un gesto de
duda, como si estuvieran pensando: «¿Esa es barrigona o está embarazada? ¿Será gordura o estará hinchada? ¿Será un bebé, un tumor, o la
ropa que la hace más llenita?». Y, ante la duda, todavía no nos ceden el
asiento en el autobús.

Durante este mes el ombligo te salta para afuera como si estuviera
por salir un misil de la barriga, y en ciertos casos se va trazando una
raya marrón oscura que parte la panza por la mitad, entre el ombligo y
el pubis, y que tarda meses en irse. A mí me dijeron que eso sólo pasa
cuando una espera un varón. En mi caso fue estrictamente cierto: me
pasó con los varones y no con la nena.

En el quinto mes el bebé se mueve tanto que sentimos como un ole-
aje dentro, y nos dan ganas de enarbolar el banderín rojo de «mar peligroso» que usan los salvavidas. Es el momento en que una tiene que
aguantarse para no ir al baño después de tomar cinco litros de agua para
poder hacerse una ecografía que nos muestre por primera vez la cara de
nuestro bebé.

Recuerdo al técnico pasándome el sensor por la barriga. Apretándome
la vejiga y yo apretando los dientes para no hacer pis por las orejas.

—¿Qué te pareció el hermanito? —pregunta estúpidamente una al nene de tres años.

—Horrible, mamá: es blanco y negro y me mostró sólo la lengua.

Lo que realmente volvió loco de alegría al padre fue cuando el doctor dijo que había un 50% de posibilidades de que el bebé fuera nene. Un hombre siempre espera que el primer hijo sea varón.

Prepárate para nuevos síntomas. A mí me agarró un terrible ataque de picazón en todo el cuerpo. Ni puñales, ni tenedores ni peines me aliviaban el espantoso picazón en todo el cuerpo. Para colmo era invierno, y tenía que andar levantándome las capas de ropa de abrigo para rascarme, poco elegantemente, delante de cualquiera. Cuando le pregunté al médico me dijo:

—El bebé suele hacer funcionar el doble a tu hígado, que al verse sobresaturado de trabajo produce el prurito epidémico.

—¿Cómo me lo saco? —le dije, rascándome la espalda con el estetoscopio.

—Puedes tomar un antihistamínico como Benadryl. Pero lo dejo bajo tu responsabilidad, porque puede dormir al bebé, y a esta altura no le hace ningún bien, debe moverse para desarrollar los pulmones.

Obviamente, como toda buena madre hubiera hecho, no tomé el Benadryl, y me arranqué la piel a jirones rascándome con un cepillo de alambre para cardar lana que fue lo mejor que encontré. Cuando la gente empezó a mirarme de una forma estraña, tuve que explicar:

—No tengo sarna. Es disfunción hepática por el embarazo.

—Nunca pensé que tuvieras sarna —se justificaban.

—¿Ah, no? —les decía, con sospecha, rascándome las piernas con rabia.

—No, sólo lepra.

Sexto mes

Después del sexto mes he descubierto que si una se pone esos petos sueltos tipo «globo», típicos de embarazada, capaz que nos reconocen como tales.

Una vez, cuando estaba embarazada de seis meses, apenas me subí a un autobús, una señora se levantó ofreciéndome su sitio. Le sonreí, le dije «gracias» y me senté, muy feliz. La señora me respondió «No, no es para ti, es para ellos», y me señaló una pareja de cieguecitos que subieron detrás de mí. Me levanté, murmurando una disculpa, y me fui hacia atrás con la cola entre las patas. En un asiento doble del fondo había una señora con dos chiquitos, uno a upa y el otro sentado al lado. La madre le dijo al mayor:

—Ven aquí y déjale el asiento a esa señora que tiene un bebé en la panza.

—¿Dónde? ¡No lo veo! —contestó el chiquitín, enojado.

—Dentro de la barriga... ¡Va, levántate!

—¡No quiero!

—¡No seas maleducado, Julián! ¡Deja a la señora!

—¡No quierooo! ¡Buaaá!

—¿Pero no ves que después le duelen las piernas a la señora? ¡Sal!

—¡No, no, nooo! ¡No quiero! ¡BUAAÁ!

Después de semejante escándalo todo el autobús se enteró de mi estado, pero nadie cedió su asiento esperando que el pequeño Julián se levantara de una vez.

—Dejá, Julián. Quédate sentado. Yo enseguida bajo —le dije al nene, para no tener contracciones por ruidos molestos. El monstruito se secó los mocos con la manga y miró a la madre con sonrisa triunfal entre las lágrimas.

Todo eso pasó porque me puse el peto.

Cuando una no se pone esta prenda sino ropa menos típica de embarazada, como minifalda y camiseta suelta encima, sucede que al subir al autobús una se para al lado de un señor que recién después de media hora de viaje se da cuenta del embarazo.

De todas maneras, muchos señores que sí se percatan de nuestro estado se hacen los distraídos. Yo nunca vi tanta gente durmiendo o completamente absorta en la lectura de un billete de autobús o en las *Obras completas* de Shakespeare en inglés y al revés (con las letras patas arriba) como cuando estuve embarazada de seis meses. Las que terminan cediéndonos los asientos son siempre las mujeres, que comprenden al fin nuestro gran miedo a parir prematuramente con el traqueteo y las frenadas bruscas del vehículo. Y más vale que nos ayudemos entre nosotras, porque si vamos a esperar algo de ellos... ¡estamos fritas!

El último gesto caballeresco que percibí vino de un señor que estaba tres lugares delante del mío en la cola del cajero automático del banco:

—Pase usted primero, señora —me dijo, gentil, al llegarle el turno.

Yo no estaba tan cansada, y además me pareció que sería un tanto abusivo adelantarme a las dos personas que se ubicaban en la cola después que él pero antes que yo, sin saber si ellas estaban de acuerdo con dejarme pasar.

—Muchas gracias —le respondí sonriendo—. Pero respetemos el orden original.

El tipo se encogió de hombros, me miró de arriba abajo con desprecio y me dijo:

—¡Usted se lo pierde! ¿Ve cómo es? ¡Yo quise ser caballero y usted me despreció el gesto! ¡Bah, joróbese! —y entró a la cabina con brusquedad, dejándome con la amarga sensación de haber sido insultada sólo porque quise ser amable y justa. Por ende, y para no perder ni la dignidad ni la compostura, me acerqué a la puerta del cajero aún abierta y le dije, con elegancia y otra sonrisa amable:

—«Caballero», váyase al carajo.

(Para la embarazada que no lo sepa, hay un reglamento del Banco Central que dispone que las mujeres embarazadas sean atendidas sin tener que hacer cola, aunque sea un día en que hay quince vencimientos al mismo tiempo, y además una guerra que llevará al cierre inmediato de todos los bancos. Pero claro: en la cola del banco nadie te cuenta que esto es así. Yo me enteré en la sala de partos. Para las madres que cargan bebés lactantes de 5 kilos de peso no hay tales normas que les faciliten la existencia. Ellas, simplemente, dejan vencer los plazos de vencimiento de todas las facturas.)

Séptimo mes

Lo bueno es que tienes unas tetas que serían la envidia de Pamela Anderson y Marta Sánchez juntas.

Lo malo es que cada vez te cuesta más encontrar una posición cómoda para sentarte, pararte, agacharte, hacer el amor o dormir. Cada vez te cuesta más comer, porque apenas terminas media galletita sin sal sientes acidez en la garganta, como si el estómago estuviera en las amígdalas.

Por la noche te levantas los gritos con unos calambres brutales que se sienten como si una jauría de lobos hambrientos te estuvieran desgarrando el músculo de la pantorrilla. Tomando toneladas de Total Magnesiano esto se alivia. Pero, ¿quién se anima a tomar toneladas de Total Magnesiano? Es tan asqueroso que te dan ganas de vomitar, y entonces empieza la acidez, que es como si el estómago estuviera en las amígdalas.

El médico te manda hacer el curso preparto. En la segunda clase lo abandonas: te dicen que «no hay que tener miedo, porque no pasa nada» y te enseñan a jadear. Cuando tú sabes que lo lógico es sentir miedo, y una jadea de terror sin que nadie te explique cómo hay que hacerlo.

Octavo mes

En el trabajo te miran con temor y te echan de todas partes por miedo a que tengas a tu hijo en la cafetería o junto a la fotocopiadora. Todos parecen muy gentiles y solícitos, pero no lo hacen por amabilidad, sino por pavor de que un esfuercito cualquiera les dispare a nuestro bebé en la cara.

Así que nos tenemos que tragar dolores, molestias y tirones varios para no asustar a nuestros compañeros de trabajo.

La vida supone estar cinco días enteros sintiendo un pie infantil clavado en el páncreas, otra semana sintiendo una cabezota encastrada en el hígado y las flamantes contracciones. Porque aparecen unas contracciones de ensayo llamadas contracciones de Brighton-hicks que son como un precalentamiento del útero para estar entrenado a la hora señalada. O sea que, como un atleta, el útero se prepara ejercitando los movimientos dos meses antes del parto. Claro que el médico nunca tiene tiempo de contarte esto, entonces te dice: «¿Te molestan la contracciones? ¡Tómate un Duvadilan y listo!».

Noveno mes

Aparecen los dolores de huesos, sientes que te estás abriendo como cuando se abre un pollo para ponerlo a la parrilla. Lo bueno de este mes es que ya nadie espera que te muevas. Puedes dar órdenes a troche y moche, que serán obedecidas al pie de la letra. Te sirven la cena en un sillón, te hacen juguito, y hasta te emborrachan con cerveza porque el doctor dijo que produce mucha leche. Aparecen los dolores de ciática que te dejan inmovilizada y te tienes que estirar con ayuda de alguien en posición de tabla de planchar, porque si doblas las rodillas te caes de morros al suelo. ¡Y el médico te dice que tienes que caminar para que el bebé «se encaje» en el canal de parto! ¡Pero tú sabes que el bebé anda navegando por dentro, y un día está de costado (con lo que le puedes tocar la cabeza que queda en tu lado izquierdo) a la vez que le das una prematura palmadita en el culito (que está bajo tus costillas derechas). Siempre te falta el aire, todos los lugares te parecen claustrofóbicos y quisieras verle YA la cara a ese bebé que en la última ecografía tenía la nariz del padre y se chupaba el dedo con fruición. ¿Qué espera ahí dentro, si ya está listo?

Toda la gente te abruma con preguntas del tipo:

—¿Para cuándo tienes fecha?

—¿Todavía embarazada?

—¿Vas a tener un chico o un cachorro de elefante?

Tus compañeros de trabajo empiezan a organizar sorteos, tómbolas y quinielas clandestinas en torno a tu real fecha de parto. Y lo peor es que tú no ves un céntimo de toda esa pasta que circula a tu costa, ni siquiera a título de comisión por poner la barriga. ¡Es como si estuvieran subastando a tu hijo!

Te advierten que te cuides de las noches de tormenta o de los días de luna llena, y peor si llueve y hay luna llena, que es cuando nacen más bebés. Entonces basta que caigan dos gotas para que no puedas pegar un ojo en toda la noche.

No ves la hora de ver a ese bebé fuera, verle la cara y de paso empezar tú a usar ropa más normal y femenina que te convenza de que alguna vez tuviste cintura. Pero las madres que te encuentras te dicen: «Deja que se quede ahí el mayor tiempo posible... ¡no sabes la que te espera después!».

Lo fantástico es la empatía que ya tienes con tu hijo: tu comes un alfajor y él baila de alegría. Si escuchas rock, sigue el ritmo a pataditas.

Cuando te acuestas se acomoda tanto que casi le puedes contar los dedos. Y cuando tienes frío, ya le estás diciendo «Ponte el manta que tengo frío... No, mejor deja que me la ponga yo y nos abrigamos los dos». Pero no dejes que se te vaya la mano y sigas diciendo lo mismo treinta años después del parto.

Un día empiezas a sentir contracciones más fuertes. Puedes sentir estas contracciones hasta seis días antes del parto. Esto sólo indica una cosa: tienes un hijo que te está queriendo fastidiar lo antes posible. Después, cuando nace, pone cara de «Yo no fui».

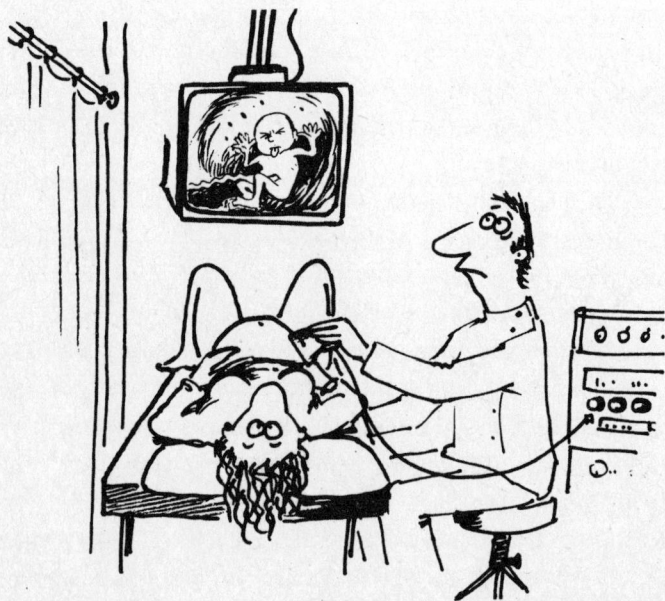

PREPARANDO EL NIDITO SIN ROMPER LOS HUEVOS

«Si estás a punto de parir, no te mudes.» Eso me decía mi obstetra, advirtiendo que las mudanzas agotan y terminan en madres pariendo bebés en un canasto que la empresa de mudanzas lleva a otro hogar, causando así insufribles engorros de identificaciones e inconvenientes legales.

Pero cuando una está por parir, no hay casa que le alcance. Mira a su alrededor y quisiera convertir en palacio lo que le parece una pocilga. Porque hay que convenir que por más que estés felizmente casada y con casa propia, una casa para una pareja sin hijos no puede ser lo mismo que una casa para una pareja con bebé. La casa debería cambiar enseguida, mejorar, alegrarse, hacerse más acogedora y cálida. Ya mismo. ¡Es una orden!

No hay placer mayor ni instinto más fuerte para la hembra de cualquier especie que el de armar amorosamente el nido cuando sabe que está por tener familia.

A las embarazadas —ya se trate de palomas, tortugas, hienas o seres humanos— nos embarga un impulso increíble por poder decir «La casa está en orden» antes de que llegue la prole. Las palomas sudan la gota gorda buscando ramitas para armar el nido, las tortugas embarazadas se desloman cavando frenéticamente un pozo para depositar sus huevos y las hienas preñadas se agotan armando una madriguera donde tener los cachorros. Pero al menos las hienas lo hacen muriéndose de risa. Las hembras humanas no nos conformamos con hacer pozos, buscar lugares y elegir ramitas. Cuando estamos embarazadas empezamos a verle todos los defectos a nuestra casa. Las grietas de la pared que antes veíamos con indiferencia nos empiezan a parecer odiosas señales de que nuestro hogar está por derrumbarse. Las manchas de humedad en el techo, que nos parecían divertidas porque semejaban caras de mono o nubes de tormenta, nos parecen ahora una amenazante presencia de hongos que podrían crecer hasta invadir la cuna del bebé que está por nacer. Todo a nuestro alrededor nos parece oscuro, sucio, viejo, feo o inútil. ¿Por qué? Porque el instinto nos lleva a preparar el terreno para recibir a nuestra cría, a sabiendas de que una vez que el bebé llegue nadie va a tener tiempo ni de barrer siquiera.

Un nacimiento es un acontecimiento demasiado importante como para no recibirlo con la pista de aterrizaje preparada como corresponde.

Toda mujer embarazada sabe que tener un hijo es un privilegio. Y esperarlo en casa es casi como enterarte de que el rey de España o el presidente Bush están por caer de visita.

¿Qué harías si te anuncian que alguien muy, muy importante está por llegar a tu casa? ¿No prepararías todo como para recibirlo de la mejor manera posible? Un hijo es mucho más que un rey o un presidente: es como una reunión cumbre de mandatarios de todo el mundo, decididos a instalarse en tu casa y hacerte su esclava de por vida. ¿Y si el bebé nace, tu casa no le gusta y se va a otra que esté recién pintada y con cortinas nuevas?

No podemos correr ese riesgo. Por eso queremos poner la casa a punto, de tal modo que el pequeño huésped definitivo sienta que no se equivocó demasiado al aterrizar en tu hogar, que será pequeño, pero tiene una preciosa habitación empapelada con una cenefa con cubos de colores.

Sabiendo todo eso, a las mujeres nos agarran terribles ataques de limpieza en los que terminamos aspirando y lustrando cualquier cosa que permanezca quieta durante más de media hora (inclusive un marido mirando un partido de fútbol o una carrera de Fórmula 1).

La locura por la limpieza y preparar el nido para recibir al retoño me cogió tan fuerte una vez que le dije a mi entonces consorte:

—Esta casa es un asco. Nos mudamos ya.

—¿Qué?

—¡No pretenderás que nuestro hijo tenga que vivir entre estas paredes descascaradas y aprender a gatear en esta moqueta inmunda que ya
ni se sabe de qué color fue!

—Pero...

—¡Yo con este desastre no pienso tener un hijo!

Pero como tener un hijo es una de las pocas cosas en la vida que definitivamente no tienen marcha atrás, en el quinto mes de embarazo decidí tomar justicia por mi cuenta y convertir a nuestro desatroso hogar
en un sitio digno para alojar a nuestro futuro pichón.

Pedirle a mi marido que me ayudara con la tarea en ese momento
era un imposible: él estaba demasiado ocupado intentando pasar la mayor cantidad de tiempo posible fuera de casa para no tener que aguantar mis reclamos de que las persianas estaban viejas, las puertas chi-
rriaban y las grifos goteaban.

Como siempre sucede en la vida, supe que no se podía arreglar
todo a la vez.

Entonces resolví empezar a solucionar lo más importante: compré
un escalera, rodillos, latas de pintura, aguarrás, papel de lija y pinté la
casa con mis propias manos.

Confieso que fue una locura total.

Los parientes y amigos temían que mi embarazo no llegara a término:

—¿Estás loca? —me decían.

—¿Te parece que vale la pena este esfuerzo? ¿Y si al nene le hace
daño?

Pero yo quería recibir al bebé con la casa de un precioso y cálido color «damasco persa soleado» —que era un amarillito pastel—, al que
logré acercarme mucho después de pintarla íntegramente de un color
«canario al borde de un ataque de hepatitis», tan chillón que lastimaba
las retinas aun usando anteojos oscuros. (Moraleja: Lo que en una
muestra de papel de dos centímetros parece un tono suave e ideal, en
grandes superficies se potencia hasta convertirte la casa en una vivienda
adecuada sólo para Los Simpson.)

Otras futuras mamas más radicales optan por mudarse, cosa que ningún médico recomienda, porque se sabe que mudanza + embarazo =
parto adelantado por complicaciones.

Las circunstancias de la vida que aumentan el nivel de estrés, por orden creciente, figuran como el primero de todo los ítems «Divorcio», «Embarazo», «Muerte» y «Mudanza».

Esto significa que es buena idea no mudarte si estás embarazada, porque te puedes divorciar o —lo que es peor— te puedes morir, por ejemplo, aplastada por el piano que bajan por el balcón porque no pasa por el pasillo.

También quiere decir que no te divorcies si estás embarazada, porque eso te llevaría a mudarte.

Y significa que no te conviene embarazarte si estás por mudarte, porque eso te llevaría a divorciarte.

Y definitivamente, no se te ocurra quedarte embarazada, mudarte, divorciarte y morirte al mismo tiempo, porque sería demasiado nivel de estrés para continuar adelante con una vida normal.

Yo terminé con unas contracciones de más antes de la cuenta, pero creo que en realidad era un impulso de mi bebé que alzaba las manitos dentro de la barriga para ayudarme a terminar de pintar cuanto antes, así me sentaba de una vez y lo dejaba descansar en paz.

La casa quedó como un bombón, pero —como también siempre sucede— la fealdad de la moqueta vieja se destacó más que nunca, en comparación con las rutilantes paredes recién pintadas.

Entonces me puse a arrancar la moqueta con ambas manos, lo que casi me hace parir en el suelo polvoriento.

El esfuerzo valió la pena: debajo de la alfombra color «cuero de rata rabiosa», encontré un mosaico bastante anticuado, pero con un color claro que con una buena lustrada quedaría tan bien como para que el bebé me dijera al llegar de la clínica:

—¡Vaya, madre, qué buen gusto has tenido en mejorar el aspecto general del hogar en el que me toca llegar al mundo! ¡Te felicito!

O al menos lo pensará quince años después.

Eso de lustrar mosaicos lo tuvo que hacer una empresa, no yo.

A mí me tocó limpiar con furia toda la casa, a medida que el polvillo de la lustrada se iba depositando dentro de los armarios, dentro de los circuitos de mi ordenador, dentro del microondas y dentro de mi placenta. Cada vez que calentaba una empanada, el microondas largaba un olor tóxico a polvillo de piso quemado que creo que debe haber sido más contaminante que las bombas de Hiroshima y Nagasaki juntas. A veces pienso si no le habrá causado daños irreversibles al feto, que diez años después no puede servirse cacao sin ensuciar toda la mesa y sigue sin poder atarse los cordones de las zapatillas cuando una le pide por tercera vez que lo haga.

El cuarto del bebé (de pimpollo pastel a leonera inhabitable)

Pero esto de arreglar la casa apenas es suficiente para recibir al ser más importante de nuestras vidas.

Las futuras madres pasamos gran parte del embarazo deleitándonos en la contemplación de escaparates que muestran mobiliario para bebé, ropita para bebés y artículos que de sólo pensar en poner a nuestro bebé entre tan agradables cosas de colores claros como nubes del amanecer, se nos hace la boca agua.

Lo curioso es que una, cuando está embarazada, tiene una incapacidad hormonal innata para detectar el acentuado grado de inutilidad de cada uno de estos objetos creados, diseñados e industrializados para que las madres se derritan de ternura al verlos en las primorosas tiendas e imaginarlos en el «Cuarto del Bebé». Lo que no quiere decir que estén diseñados para el confort y la alegría del pequeño.

Para empezar, hablemos de muebles.

Todas las madres comienzan comprando un moisés, porque por alguna razón incomprensible nos enternece: tienes un canasto decorado con algo tan pequeño dentro como nuestro bebé. Y como nos da un poco de vértigo ver ese diminuto cuerpo perdido en la inmensidad de una cuna, compramos el moisés hasta juntar el dinero para comprar algo más grande.

Pero el moisés no es útil: en cuanto quieras darte cuenta, el bebé no entra ahí ni doblado en cuatro.

Por eso, tarde o temprano se termina pensando en comprar la cuna. Y este es todo un tema que lleva kilómetros de manzanas caminadas mirando los escaparates de muebles que ostentan nombres como «Espace Enfant», «Mimositos», «Petit Bebé» o «Babyland».

Todos los muebles para bebés parecen sacados de los libros de cuentos como *Caperucita* o *Los tres ositos*.

Pero que una cuna parezca un cuento de hadas no significa que sea buena idea tener una de ellas casa. De hecho, nada que salga en un cuento se adapta bien a a la realidad: los caballos blancos te arruinan los sillones, el Lobo Feroz asustaría al bebé, los Siete Enanitos estarían discriminados y las hadas no son buenas planchadoras.

Además, todo está pintado con colores claros como verde agua, blanco nube, celeste cielo, rosa pétalo... ¿Y saben ustedes cuánto tiempo conserva ese tenue barniz luminoso? Antes de que el bebé cumpla un año, estará pintando sus muebles con marcadores y lápices indelebles. No se le puede impedir hacerlo, a riesgo de coartarle la vocación a un Picasso precoz. Pero si les permitimos llevar a cabo sus obras maestras, el delicado conjuntito de muebles celestes se termina convirtiendo en un delicado conjuntito de... ¿qué color era? Gris-verdoso-morado-roji-negro... o algo parecido.

Y una, que necesitaría muebles color azul marino, verde musgo o negro, termina comprando algo blanco nieve, que termina de color tierra.

¿Alguien sabe cuánto tiempo dura algo de color blanco en una casa con niños? Lo que cuesta hacerse esta pregunta, no hay blanco que resista. Además los chicos crecen y en cuanto quieres darte cuenta pegaron en la pared pósters de Eminen o de Britney Spears. Así que la cuna tiene que ir haciendo juego con esos tonos adolescentes que siempre son el negro de la alegría de crecer y el color rojo de la ira.

EN UN APARTAMENTO NO ENTRA UN TOBOGÁN

Otra idea absurda son esos muebles diseñados como algo que parece un par de camas con un tobogán que pasa por encima de un escritorio rodeando lo que parece el atalaya de una fortaleza medieval. En primer lugar, los juegos que hay en los parques son inútiles dentro de una casa.

La gracia de los toboganes reside justamente en que sólo se los encuentras en un parque, y ofrecen una diversión esporádica.

Si a ti te vendieran un juego de dormitorio que incluyera un musculoso profesor de salsa dominicano dispuesto a enseñarte a bailar salsa en cualquier momento del día, seguramente el tema de bailar ritmos caribeños perdería toda la diversión, y al profesor dominicano le dirías que se olvide de la salsa. Y —ahora que lo pienso— seguramente le darías al profe un destino mejor y un par de ideas para emprender alguna otra actividad más interesante, ya que viene incluido con el precio de la cama y el colchón.

Un tobogán en la habitación de un chico sólo sirve para que tengas que hacer contorsiones espantosas para poder hacer la cama y para llenarte las piernas de espléndidos moretones cada vez que pasas cerca olvidando que de ella sale un tobogán.

Un escritorio adosado a la cabecera de la cama tampoco es útil. Los chicos nunca juegan, escriben, arman castillitos, leen, ni se divierten en su propia habitación, sino que todo lo hacen cerca de la madre, invadiéndote la cocina de muñecas, el baño con cochecitos, la sala con osos de peluche, y dejando toda la casa hecha un desastre menos su propio cuarto, que está inmaculadamente ordenado porque a ellos no les interesa jugar solos.

Salvo que los obligues a encerrarse en su cuarto, en cuyo caso el entretenimiento consiste en lanzarse juguetes como proyectiles hasta provocar el llanto de algún hermano que te obligue a separarlos, gracias a lo cual volverán a salirse con la suya, invadiendo el resto de la casa con sus chucherías.

El cuarto del bebé posee ese estatus durante unos escasos seis meses. O sea, hasta que el bebé obtiene movilidad propia. Al cabo de ese tiempo, se convierte en La Leonera, El Rejunte de Juguetes Rotos, Bosnia Bombardeada, El Gran Despelote, La Zona Vergonzante, Ordenen o Cierren la Puerta para que no se vea el Caos, o la mayor mezcla de pañales, zapatillas impares, libros sin tapas, lápices, medias sucias, chicles pegados al suelo, bolitas, cabezas de robots y brazos de Barbies que te puedas imaginar.

Una elige una cuna y a los diez meses el chico está tan largo que choca contra los barrotes.

Una elige barrotes de costado para evitar que la bestia menuda se escape, y termina sucediendo que, cuando es bebé, apenas se despierta lo sacamos de la cuna, cuando lo metemos en ella ya está dormido, y cuando deja de ser bebé se escapa de la misma por sus propios medios. ¿Entonces para qué invertimos dinero en barrotes, si es mucho más práctico poner de costado esas barras más simples, baratas y livianas que se sujetan con el peso del colchón e impiden que el bebé se caiga? ¿Y para qué compramos una cuna si a los diez meses el chico ya necesita una cama de largo convencional?

ELECCIONES ZOOLÓGICAS

Una madre embarazada está enamorada de su bebé que está por nacer. Y ya se sabe que los enamorados no le ven la parte práctica a las cosas. El amor es ciego y los enamorados se ponen tontos. Entonces elegimos el cochecito con más lacitos, cascabeles y patitos, no el que se vea más fuerte, de llantas más gruesas y amortiguadores que permitan sortear con éxito los baches de la ciudad. Nos encantan los cochecitos con estampado con rallitas, cuando tendríamos que elegir el que al desplegarlo no termine estampando las rallitas contra el asfalto.

Elegimos ropa diminuta cuya etiqueta dice «de 0 a 3 meses», y que en realidad al bebé le sirve sólo para la primera semana de vida: después ya no le entra ni en un dedo meñique.

Elegimos motivos decorados con osos, elefantes y perros, como si pretendiéramos que todos nuestros retoños nacieran con vocación de veterinarios. Y aún me sorprende que con semejante acoso animal desde los primeros meses de vida no haya más jóvenes empecinados en estudiar veterinaria o zoología. La decoración infantil nunca tiene paisajes de la China o del Caribe, cuentas algebraicas para que se familiaricen con la matemáticas, diseños basados en la botánica que vayan más allá de la florecita de cinco pétalos y los simpáticos honguitos venenosos.

No, las imágenes realmente útiles no aparecen por ningún lado en los diseños infantiles. Todo lo que rodea a los niños son diseños de un mundo animal ficticio, porque no hay elefantes rosados, los osos jamás sonríen y los tigres no llevan lacitos en el cuello. ¿Qué es lo que les queremos transmitir con esas colas de patos haciendo la ronda, tan pero tan ridículamente calzados con zapatitos abotinados del siglo pasado?

Un día descubrí el secreto de todo eso con mi hijo mayor, que se empezó a reír del menor, diciéndole en todo burlón (que es el más tierno tono que logra para dirigirse al hermano): «¡Tienes un mono payaso sacándote la lengua detrás tuyo, y está comiéndose un helado colgado de la cola de otro mono tonto!». No pude creer lo que escuchaba. Creí que mi hijo ardía de fiebre o que se había tomado mi vaso de vino confundiéndolo con zumo de frutas. Me acerqué para ver qué había en el respaldo rosa pastel-celeste amarillito de la sillita alta.

En efecto, todo lo que había descrito mi hijo estaba ahí. ¿En qué imaginación cabe diseñar una superficie con tan delirante escena, cuando se supone que en esa sillita se va a sentar una tierna personita que tiene la mente virgen a todo tipo de estímulos, y cuya cordura hay que salvaguardar por encima de todas las cosas? ¿Y qué me había pasado a mí al terminar comprando semejante artefacto tan aviesamente decorado, sin haber verificado previamente qué hacían los monos de la decoración?

Mientras pensaba esto noté que mis dos hijos (el chiquito y el más grande) estaban literalmente llorando de la risa:

—¡Mira el mono tonto...! ¡Jua, jua, jua!

—¡Y toma un helado... jí, ji, ji!

—¡...colgado de la cola del otro, jo, jo, jo!

De pronto me di cuenta de todo: comprendí la escena como quien descubre de golpe el significado de la vida. Al fin todo encajaba: las filas de elefantes rosados, tigres con lazos, osos sonrientes que diseñan los que hacen la ropa para bebés, los artículos infantiles y los muebles para bebés no son más que un larguísimo chiste.

No es posible tomarse en serio a un elefante rosado o a un oso vestido de payaso. Y hasta una misma, cuando los elige, comenta:

—Llevo este conjunto de los osos panda, que está tan gracioso...

Creo que todos nosotros, sin saberlo conscientemente, elegimos para los bebés ropas y muebles con patos en borceguíes antiguos, monos locos y osos payasos, porque son tan absurdos que sabemos que en cuanto los descubran, los van a hacer reír. Y queremos hacerlos reír. Porque lo único que nos importa en la vida es verlos reír. Y esta fauna absurda lo logra.

Las filas de patos y jirafas son una historieta o un cómic cotidiano destinado a mostrarles a los bebés el lado insensato de las cosas y las situaciones más ridículas, para que sepan de entrada que llegaron a un planeta donde el absurdo es lo que caracteriza a todo lo que nos rodea, a la misma vida, a la misma realidad.

Está en nuestros hijos la capacidad de quedarse perplejos o de reírse a carcajadas de las cosas más ridículas de la vida misma. Mis hijos se estaban riendo a carcajadas. Y me sentí enormemente feliz.

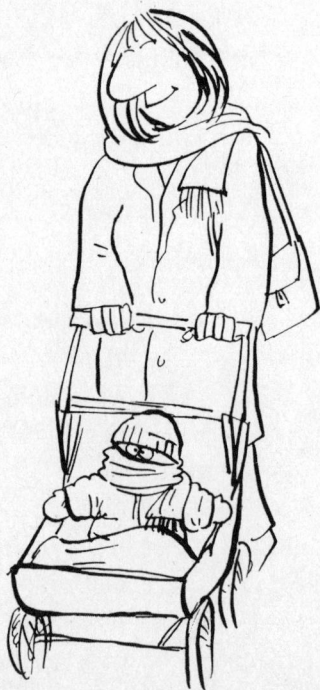

ARTÍCULOS PARA BEBÉ EN VENTA	**LO QUE NECESITARÍAS Y NO ESTÁ EN VENTA**
Cunas con baño	Un limpia bebé en aerosol
Cochecitos con capota	Cochecitos con paraguas adosado para la madre, por si llueve
Gorritos y cofias con puntillas	Cascos livianos para que no se golpeen la cabeza si caen accidentalmente
Baberitos con bordados	Collares plásticos con receptáculos recolectores de babeadas, restos de puré, y yogur escupido y migas esparcidas
Cochecito presumido	Transporte de ruedas con sistema oruga, ruedas de tractor, amortiguación de 4x4, frenos a disco y dirección hidráulica
Moisés	Cama mecedora que se activa por el llanto
Cajita de música a cuerda	Grabador con cinta sin fin que grabe la voz de la madre cantando la única canción que lo calma de noche
Zapatitos	Peto de una pieza de pies a cabeza, sin partes separadas

Pañales	Receptáculo autoadhesivo plástico para colas, cuyo contenido se tira para volverse a usar
Andador	Moto con frenos activados por radar
Biberón	Catéter con forma de pecho de administración láctea a requerimiento adosado a la almohada del bebé
Parque	Jaula con candado para cuando caminen
Porte-enfant	Madre de repuesto

DAR A LUZ ES UN PARTO

Aún no se sabe por qué, en determinado momento del embarazo, algo en el organismo femenino dice que ya es hora de lanzar a este chico al mundo.

Esto nunca sucede cuando estás relajada, sentada en un sofá, con tu marido cerca y la canastilla lista. Generalmente pasa durante la madrugada de un día complicado, cuando no dormiste bien y tu marido tiene que levantarse temprano para hacer un trámite urgente.

Es inútil contar cada cuánto vienen las contracciones, porque en un primer parto pueden extenderse durante dos días. Las contracciones de parto son algo así como un dolor menstrual de esos en que sientes que un *Tiranosaurus rex* está usando tu útero como goma de mascar. ¿Sabes a qué me refiero? Bien. Ahora multiplica ese dolor por cien o mil y puedes tener una idea de cómo son los dolores de parto.

El útero, en efecto, está empujando hacia todos los costados a tu bebé, para que se vaya de una vez de ese lugar, como diciéndole:

—¡Eh, vago! ¡Ya tienes pelos, uñas, pulmones y bigotes! ¡No te pienso soportar más aquí dentro, así que anda a currar!

Si hay un órgano perseverante, ése es el útero. No para de sacudirse y apretar al bebé hasta que esté tan incómodo como para pensar:

—Ya no vale la pena quedarse... ¿Y si salgo para ver cómo se está fuera?

Justo es cuando el cuello del útero se empieza a abrir, los médicos dicen «dilatarse». En el mejor de los casos, la cabeza del bebé empieza a encajarse entre los huesos de nuestra pelvis, buscando ubicarse camino a la vagina. La sensación general es que tienes una sandía madura, de las grandes, en el mismo lugar en que en otros meses más normales tendrías un tampón mini.

El bebé está metido en una bolsa membranosa llena de un caldo calentito llamado líquido amniótico. Cuando el útero la presiona, el líquido se expande y abre el canal de salida por presión hidráulica. La misma presión que sólo varios millones de siglos después del primer parto humano los ingenieros civiles descubrieron que es una de las mayores fuerzas de la física. Tan así que la usan para frenar aviones jets de 360 pasajeros. Los médicos obstetras, haciendo caso omiso de las leyes físicas, se empeñan en romper esta bolsa obligando al bebé a que aprenda a reptar para salir, aunque tenga la misma fuerza que un pollo hervido (y más o menos ese aspecto, para qué negarlo). Si es macho, que lo soporte. Si es nena, nació para sufrir. Además hay que pelearse con el médico y tres enfermeros morrudos si no quieres que te rompan la bolsa en el hospital, muchas bolsas se rompen solas. Esto no es ningún drama: solamente te empapas de un líquido tibio con olor a pasto fresco o lejía, como si se te hubiera partido el termo de la calefacción en la cabeza. En estas condiciones se puede esperar un día entero a que el bebé deje de chuparse el dedo y decida salir de una vez. Pero ciertos médicos lo ven como algo peligroso que precisa cesárea con corte al bies desde la ingle a la axila.

Hay una manera de pasar por estos momentos de contracciones violentas sin sufrir demasiado: si te quedas parada o te sientas en cuclillas, te pones un trozo de goma en la boca para no despertar a los vecinos de las provincias fronterizas con tus gritos, y te convences de que si sobreviviste a las últimas cincuenta y ocho contracciones fuertes, podrás sobrevivir a una más, a la vez que te consuelas pensando que no se han registrado muertes debido a las contracciones... el proceso es igualmente insoportable. Eso sí: pídele a tu marido que te vaya cambiando el trozo de goma que trituraste con los dientes y que cambie el colchón que destrozaste aferrándote con tus uñas para pasar los momentos de dolor. Y tratá de no morderle el hombro de desesperación cuando lo veas cerca, porque vas a necesitar al hombre, aunque sea para que te lleve a la clínica.

Todo este momento es tan indigno, doloroso, sudoroso y desesperante, que a todas las mujeres les aconsejo que esperen en su casa hasta el último momento, porque pasarlo en la clínica es una calamidad: todo el personal se enoja con una porque terminamos arrancando las cortinas, despegando el empapelado de la pared y masticando almohadas para no gritar.

Parto 1

En mi primer parto el médico me quiso poner anestesia peridural. Me negué, porque conocía historias de madres inconscientemente felices que me habían dicho «Yo de mi parto, no sentí nada de nada». Y yo quería vivirlo, no salir como llevando un hijo prestado. Lo quería sentir salir de mis entrañas. Pero a la segunda vez que me dijeron:

—¿No me dejas que te ponga anestesia?

Aullé:

—¿Qué estás esperaaandooo?

En cuanto me inyectaron, bendije al inventor de tal portento. El alivio me invadió de felicidad instantánea... durante dos contracciones. A la tercera, ya la sentí con el mismo viejo y conocido dolor de mil demonios.

—¡Quiero más anestesia! —vociferé.

—No se puede, es peligroso para el bebé.

—¡Que se aguante! ¡Es joven!

—No se puede. Vamos a ver dentro de media hora —me dijo el médico, con una voz igualita a la del inquisidor Torquemada.

Me aferré al monitor fetal hasta tirarlo al suelo. Para que no destrozara todo el quirófano me enchufaron otra anestesia en la columna vertebral.

—¡Empuja! —me gritaron como un coro griego.

—¿Qué? ¿Cómo? ¿Cuándo?

—¡Empuja ahora!

Pero yo no sabía qué me querían decir con eso de «empujar». Nunca en mi vida había necesitado hacer fuerza hacia fuera con los genitales.

Más bien, todo lo contrario. Y la fuerza que se hace con los intestinos no sirve para el conducto paralelo.

Pero todos me gritaban, y no era momento para discutir «todo depende de qué se entienda por la palabra "empujar"».

Puse cara de lanzar un escupitajo en el ojo con tal de que pararan de gritar... pero no pude hacer fuerza, ya que del cuello para abajo no sentía nada. En eso me mostraron un lechoncito grasiento y blancuzco. Juro que creí que era un truco tipo David Copperfield, que alguien debajo de la camilla le había alcanzado al doctor otro bebé para terminar de una vez con esa pantomima.

—¿Y eso? —le dije, atónita.

—¡Es tu hijo, tonta! —me dijo el obstetra.

«Ostras, me perdí sentirlo salir», me maldije internamente. Lo que dolió como la @&%*%& *(§)&... fue la salida de la placenta. Para entonces se me había ido el efecto de la anestesia, y sentí finalmente con toda el alma el parto... de un pedazo feo de bofe sanguinolento, que era la placenta que había alimentado a mi hijo durante nueve largos meses.

PARTO 2

En el segundo parto no lo dudé. Lo quería ciento por ciento natural. Olvidé mencionar que en el primer parto me habían punzado la bolsa con una aguja de crochet como para tejer soga de atar transatlánticos, me hicieron un tajo en la vulva para agrandar el paso natural —una violencia usual llamada «episiotomía»— y me hicieron un enema que duplicó con molestos retortijones el dolor de las contracciones. Como si esto fuera poco, me obligaron a estar acostada todo el tiempo, que es lo que más duele. ¿Cómo pretenden que un bebé baje por su propio peso si lo obligan a reptar horizontalmente para salir?

En el segundo parto esperé en casa hasta que le toqué con mis propias manos la cabecita peluda a mi hija, que ya se abría paso. Mi marido, al saberlo, se subía por las paredes diciendo que estaba loca, que la nena iba a nacer en casa y que Defensa Civil iba a tener que evacuar la manzana por el derrame de sangre y de líquido amniótico. No le dio tiempo ni de sacar el coche del garaje. Con un zapato puesto y el otro en la mano, corrí hasta la calle, segura de que esta vez todo saldría más rápido y mejor. Hasta quise agitar un pañuelo blanco por la ventana, como hacen en las películas para indicar «abran paso que estoy pariendo». Pero mi marido me dijo que no fuera escandalosa:

—¡No hagas follón! ¡Ni que estuvieras a punto de parir en el taxi! —me dijo.

—Lo... es... toy... —confirmé, en medio de una contracción como para parir un búfalo.

Apeló a otro argumento irrefutable: no vale la pena agitar un pañuelo cuando la clínica queda a cinco manzanas. Y me quedé con las ganas de ver si, en efecto, un pañuelo blanco sirve para que te cedan el paso.

Cuando llegamos a la clínica no había ni una sola habitación libre. Mi marido fue a llenar papeles y yo me aferré a una columna jónica, parada en la entrada, sintiendo que el bebé se me caería al suelo como en una tragedia griega, ante la vista de todos los pacientes que esperaban en urgencias, que me odiarían si les robaba el turno en el caso que mi niña tuviera que ser atendida por llegar al mundo con un chichón en la frente.

Me llevaron directa a la sala de partos y tuve que pelearme con todo el personal para que me dejaran quedarme sentada. Si pusieran el mismo ímpetu que ponen en acostar a la fuerza a las parturientas en sus carreras, cada uno de los enfermeros sería el dueño de su propia clínica privada. Al ver que yo estaba más decidida a quedarme en posición vertical que ellos a horizontalizarme, cedieron gruñendo:

—Está bien... ¡pero échate para atrás que el bebé se cae al suelo!

Apenas pude moverme un poco y salió mi hijita, de un precioso color azul y con un collar de cordón umbilical rodeándole el cuello, tan coqueta desde el primer instante de su vida. En cuanto le desenredaron el cordón, la carita se le tiñó de rosado. El médico se enfureció conmigo, porque no le había avisado a tiempo para que llegara al parto. Así que yo estaba ahí, con la recién nacida en brazos, y mi obstetra (que era otro, no el Torquemada del parto anterior) diciéndome que era una loca de remate, una inconsciente, una infanticida y que Herodes al lado mío era la Madre Teresa de Calcuta. Supongo que la furia se debía a que no iba a poder cobrar los honorarios de la mutua. Al rato estaba en mi cuarto hablándome de las grandes ventajas de usar un DIU importado, cromado y con amortiguadores de cobre y limpiaparabrisas, que él vendía exclusivamente en su consultorio privado. Nada más lejos de mí, en ese momento beatífico, que andar pensando en anticonceptivos, cuando veía el encantador resultado de evitarlos entre mis brazos... ¡Pero él me quería cobrar algo a toda costa!

En medio de un diálogo que se parecía demasiado al que suelo tener con los vendedores de seguros que me tocan el timbre en la puerta de casa («No gracias, no gracias»), entró una enfermera con una cunita con ruedas trayéndome otro recién nacido de pelo naranja y enormes ojazos azules:

—Le traigo a su bebé...

Cuando vio mi nena en brazos, se quedó atónita:

—¿Pero cómo? ¿Ya tiene...?

—¡No importa, déjemelo! —le dije, encantada—. Llevarme dos bebés con el dolor de un solo parto me pareció un buen negocio.

PARTO 3

Con el tercer bebé lo planeé todo diferente. Buscaría a un médico sensible y naturista. Lo encontré, gracias a una amiga alemana que había parido a su hijo con unas indias guatemaltecas, y que me aseguró que este doctor era lo más parecido a un grupo de indias guatemaltecas que había encontrado en nuestro país. Cuando lo visité por primera vez, comprobé que para parecerse a una india guatemalteca estaba bastante pelado. Por suerte, lejos de decirme «Usted no se meta», «El que sabe de esto soy yo» y «Los partos naturales y verticales traen prolapsos irremediables, y además un poco de sida» —como me habían dicho los otros tocoginecólogos, que a la ginecología la tocan de oído—, éste se encogió de hombros y me dijo:

—Lo vas a tener como tú quieras. El parto es tuyo.

¡Eureka! ¡Aleluya! ¡Un hombre sensible con diploma de la Facultad de Medicina!

No sólo me encantó su política de no intervención, sino también me gustó su extraordinario parecido con Phil Collins. Hasta acaricié la idea de que me llegara a cantar «In the air tonight» para suavizar el parto. El problema de este nacimiento no fue el médico, que en realidad sólo quería que yo estuviera en paz, mientras él iba a tomarse un café a la esquina hasta que todo terminara. El problema fue la comadrona: una gorda que —ella sí— era de lo más parecido a una india guatemalteca, pero embarazada de lechones quintillizos. Donde entraba su tripa, no entraba la mía y viceversa. La mala onda era casi tangible. Ella sabía que yo la prefería en Guatemala, pero no se apartaba de mí ni diez centímetros, para no perderse los honorarios por decirme «jadea» cada diez minutos.

Llegué a la clínica a tiempo, pero esta gorda se me instaló en la habitación, me metía los dedos hasta las amígdalas, me tapaba el campo de visión y me sacaba todo el poco oxígeno que había en la habitación. Y lo peor era que su cuerpo de dos metros de circunferencia me impedía ver en los ojos azules del doble de Phil Collins si todo estaba bien y si ya era momento de cantar «In the air tonight». Phil y mi marido se pusieron a conversar de fútbol y política como si yo no existiera, y eso me irritó. Pero bueno, ¿no era lo que yo había pedido? El problema es que la gorda tomó las riendas del asunto y empezó: «Ponte así. No, así. Respira hondo. No te muevas...» ¡Insoportable! Como me pareció que sería excesivo por mi parte darle una patada en las encías —cosa que deseaba con fervor—, opté por encerrarme en el baño, posibilidad que me correspondía como señala el artículo de la Declaración Universal de los Derechos Humanos. La gorda golpeaba la puerta sin parar: «¿Estás bien? ¿Estás bien?».

Yo, como mujer adulta a punto de ser madre de tres, no le hacía ni caso. De pronto, sentí que mi hijo estaba a punto de caer dentro del inodoro. Al pensar que buscarlo en la cloaca mayor de la ciudad no sería buena idea, salí del baño, me llevaron en una camilla a la sala de partos, trayecto que sentí como si los pasillos estuvieran llenos de lomos de burro. Como siempre, la camilla no estaba acomodada en posición «sillón de partos», como habíamos convenido. Con tal de que la gorda no me tocara, insistí que me dejaran sola sentadita en la camilla, y que nadie se me acercara. Mi ma-

rido y el médico acataron al pie de la letra la indicación sin interpretar mi
sutileza: «Nadie» era sólo para la gorda, no para todos. Y ellos se queda-
ron contra la pared del fondo, mirando el show desde la primera fila del
teatro Apolo, viendo como empujaba mientras yo sentía como un yunque
al rojo vivo desmenuzándome los huesos de la pelvis hasta convertirlos en
la misma harina de huesos con que abono mis rosales. Creí que nunca más
en mi vida volvería a caminar. El cuerpo se me partía en dos como lo habrá sentido el pobre Túpac Amaru en su peor hora. Y los presentes, muy
campantes, mirando como todo ocurría a su ritmo natural. Calculo que
con una yegua pariendo un potrillo habrían sido más benevolentes y com-
pasivos. Pero las mujeres en ese trance a veces transmitimos una imagen
de omnipotencia que no tiene nada que ver con lo que sentimos por dentro, que es: «Sostenme, pero no me toques. Consuélame, pero cállate la
boca. Dame aire, pero no me apantalles». Imbatible lógica de parturienta,
que debe ser muy semejante a la de un soldado agonizando en la trinchera:
«Váyanse, pero no me dejen solo».

Para ser consecuente, no pedí ayuda y me aguanté como una reina...
a grito pelado. El chico salió, Phil Collins lo cogió y lo puso sobre mi
pecho. Para completar la tierna escena, el Doctor Sensible le pidió al
padre —que no usaba una tijera desde que estuvo en el parvulario—
que cortara el cordón umbilical, cosa que él hizo con una mueca de repugnancia que disimuló bastante mal. Así que ahí estaba yo, apoyada
sobre un brazo, con el otro sosteniendo al bebé, con la espalda acalambrada, con mi anatomía retorcida como un cuerno de cabra, aguantando
los puntos que el médico me ponía sin anestesia en un desgarrito que
con tanto dolor de parto ni sentí y esperando el segundo dolor visceral
de la salida de la placenta, que no sé por qué llaman «alumbramiento»,
ya que es otro momento terrorífico. Mientras tanto, el bebé mamaba
con una maestría admirable, como si en mi panza hubiera seguido un
curso veloz de «Mamada a Oscuras con sistema Braille», sin tan siquiera abrir un ojo para observar el mundo.

Acalambrada, dolorida, cosida y con flamantes hemorroides debidas
a la fuerza extrahumana que hace una para sacar afuera ese bichito con
tamaño de gato y aspecto desahuciado que es un recién nacido, me sentí
absolutamente feliz.

Sin duda, es lo más grandioso que le pasa a una en la vida.

Y si me tocara vivir todo eso de nuevo, lo disfrutaría segundo a segundo con el mismo gusto.

No es que las mujeres seamos masoquistas. Es que el parto es la única forma de tener hijos.

Tal vez por eso mismo una quiere tanto a sus hijos: nos cuesta tanto sufrimiento tenerlos, que ¿cómo no los vamos a adorar?

Tal vez si nos reprodujéramos como los peces, depositando nuestros óvulos cerca del esperma de un varón, entre la hierba del campo y allí se formaran fetos que, con el calor del sol se transformarían en púberes autosuficientes, los seres humanos podríamos decirle a cualquier psicoanalista muy orgulloso:

—Mi mamá jamás se equivocó en nada. Es más, ni siquiera llegué a conocerla.

Pero como eso no pasa, y dependen de nosotras durante unos quince años para poder sobrevivir, nos van a tener que soportar. Con nuestros errores y nuestras mañas.

Y nosotras a ellos.

DIFERENCIAS ENTRE EL PRIMER Y EL TERCER HIJO

Elección del obstetra
Primer bebé: Tiene que estar recomendado por varias amigas y ser alto, rubio, dulce y tierno, y a la vez firme y que te inspire control y seguridad. O sea que tu marido es un mequetrefe a su lado.

Segundo bebé: Eliges a uno que tú puedas controlar y que te haga esperar menos en el consultorio.

Tercer bebé: Eliges al doctor Abad, porque era el que estaba primero en la lista de la mutua y además te queda cerca.

Ropa de premamá
Primer bebé: Empiezas a usar petos y ropa de embarazada apenas la prueba te da positivo.

Segundo bebé: Usas tu ropa habitual hasta que finalmente te estalla el botón del pantalón.

Tercer bebé: Los petos de embarazada son tu ropa habitual.

Curso de preparto
Primer bebé: Vas a todas las clases y te pasas el día jadeando para practicar.

Segundo bebé: No vas a las clases ni te molestas en jadear, porque te acuerdas de que la última vez no sirvió para nada.

Tercer bebé: Pides anestesia peridural en el octavo mes.

Elección de la clínica
Primer bebé: Recorres diez clínicas hasta que encuentras la que tiene habitaciones estilo «Laura Ashley» con los exactos motivos florales en las cortinas que soñaste.

Segundo bebé: Vas a la clínica que le quede más cómoda a tu médico.

Tercer bebé: Vas a la que queda más cerca de tu casa, con el bebé asomando la cabeza en el taxi.

La canastilla

Primer bebé: Llevas ropa para ti y el bebé como si lo fueras a parir en Alaska, además de filmadora, cámara de fotos, biberones, chupetes de tres tamaños y libros de puericultura.

Segundo bebé: Llevas un conjunto de ropitas y dejas la filmadora y la cámara de fotos, que ya sabes que no se usan.

Tercer bebé: Llamas a tu madre diciendo que te traiga un camisón, porque estás pariendo a la hora de almuerzo del trabajo.

Regalos posparto

Primer bebé: No alcanzan los jarrones para poner todos los ramos de rosas y nardos perfumados que te traen, junto a ositos de peluche, juguetes, camisones de satén y batitas de algodón.

Segundo bebé: Los abuelos te regalan conjuntos que sabes que no le van a entrar al bebé en una semana, y que guardas para regalarle a la primera amiga primeriza.

Tercer bebé: Gracias que te visitan... ¿Encima quieres regalos?

Elección del nombre

Primer bebé: Compras todos los libros de nombres de bebés que encuentras y haces listas que pronuncias en voz alta para saber cuál te suena mejor.

Segundo bebé: Alguien tendrá que llamarse como la abuela Ifigenia... y podría ser tu hija.

Tercer bebé: Abres el libro de nombres, cierras los ojos, y donde caiga el dedo, así se llamará. O le pones el nombre de la calle donde estaba la clínica. (Nota de la autora: A mi tercer hijo le puse Fernando porque hubo que alquilar un aparato lumínico que le bajara la bilirrubina, que conseguimos en una tienda en San Fernando.)

Ajuar del bebé

Primer bebé: Lavas toda la ropa de bebé con suavizante perfumado, la guardas armando primorosos equipos en los que combina el babero con las medias y los guardas en cajones pintados en tonos pastel.

Segundo bebé: Sólo descartas las mantitas apolilladas y las camisetas con indelebles manchas negras de las vitaminas orales Tri-Vi-Fluor, y guardas todo en el cajón ex color pastel que ahora está cubierto de sucias pegatinas de Pokemon y McDonalds.

Tercer bebé: Piensas, «¡Los colores no tienen sexo! Y el que diga que el rosa es de nena, es un afeminado».

Nivel de preocupación

Primer bebé: Apenas el bebé suspira, lo alzas y lo consuelas.

Segundo bebé: Sólo lo levantas si sus gritos despiertan a los vecinos.

Tercer bebé: Le enseñas a tu hijo de tres años a darle cuerda a la cajita de música y sostener un chupete sin hacérselo tragar al hermano menor.

Por la noche
Primer bebé: No duermes si no escuchas que respira.
Segundo bebé: Te despiertas sólo cuando el bebé está azul de tanto llorar.
Tercer bebé: Cierras la puerta para no escuchar los llantos.

Actividades
Primer bebé: Llevas a tu recién nacido a una escuela de Estimulación Temprana, un taller de Juegos Madurativos y a practicar matronatación hasta recibir el diploma de nadador pre-junior.
Segundo bebé: Lo llevas al pedíatra.
Tercer bebé: Lo llevas al supermercado.

Enfermedades
Primer bebé: Despiertas al pediatra a las tres de la mañana si hizo la caquita muy clara o si tiene hipo durante más de cinco minutos.
Segundo bebé: Lo llevas a urgencias a una clínica que tenga Cartoon Networks, sólo si los DOS hermanos tienen VARIOS síntomas.
Tercer bebé: Mientras no vomite sangre, ya sabes que todo se cura con Primperan cada 6 horas y cuatro días de espera.

Elección de la canguro
Primer bebé: Le pides que te muestre el título universitario de psicopedagoga, exiges cinco referencias de confianza y la tienes un mes a prueba para ver si ama a tu hijo tanto o más que tú. Si lo deja llorar un segundo, la echas y buscas otra.
Segundo bebé: Tiene que ser buena con los bebés y además lavar, limpiar, planchar y cocinar a la perfección.
Tercer bebé: Mientras no se drogue en casa y evite que el perro se coma al recién nacido, te parece perfecta.

De vuelta a la oficina
Primer bebé: Le dejas a la canguro seis números de emergencia, tres donde te puede encontrar y llamas a casa cada media hora.
Segundo bebé: Le das el teléfono de tu madre y que se arregle con ella ante cualquier emergencia.
Tercer bebé: Le dices a la canguro que no te moleste y que se arregle sola, o vas a tener que cambiarla por otra.

Tiempo en casa
Primer bebé: Te pasas el día entero mirando fijamente a tu bebé y maravillándote con cada bostezo.
Segundo bebé: Te pasas gran parte del día vigilando que el mayor no lo ahogue, lo pellizque, lo estrangule o lo tire al suelo.
Tercer bebé: Te pasas gran parte del día escondiéndote de tus hijos.

Lactancia
Primer bebé: 100 % pecho hasta los tres años.

Segundo bebé: 50 % pecho y 50 % biberón en brazos de papá, el tío o la vecina.

Tercer bebé: 50 % biberón y 50 % restos de lo que quede en los vasos usados que hay sobre la mesa.

Alimentación
Primer bebé: Tú misma preparas sabrosos y nutritivos alimentos elaborados con germen de trigo, brócoli y sesos hervidos.

Segundo bebé: Empiezas a confiar en los alimentos envasados y le das potitos cada día.

Tercer bebé: Se alimenta sólo con aceitunas enmohecidas que pesca de un frasco en la puerta de la nevera.

Recuerdos de infancia
Primer bebé: Tienes una colección de álbumes de ocho tomos gordos, donde guardas todas las ecografías, los informes médicos, las fotos, los primeros rulos cortados y un análisis detallado y manuscrito de su peso, medidas y primeras comidas sólidas y avances psicomotrices.

Segundo bebé: Tienes un sobre tamaño carta con las fotos del nacimiento y del primer cumpleaños.

Tercer bebé: Le pides a tu tía Lola que te haga una copia de esa foto que sacó ella cuando era pequeñito para recordar que alguna vez fue pelado y mofletudo.

EL DÍA DESPUÉS

Después del parto, una vuelve a casa con una revolución tal de hormonas en las venas, que se te cae un lápiz y te pones a llorar. Ni qué hablar si se te cae el bebé. Las madres acabamos de perder el fruto de nuestro vientre, que no resultó ser un niño sonriente que te abraza y te dice: «Gracias, mami. Te quiero», sino que llora con decibelios que tendrían que estar prohibidos por el Ministerio de Salud, vomita, caga y patalea. Y encima, es feo, inexpresivo y pelado.

A una le sale del alma adorarlo, porque lo siente tan vulnerable, tan poca cosa, tan dependiente de una para sobrevivir que no te queda más remedio que amarlo y protegerlo. Y además, traerlo al mundo duele tantísimo, que una siente —por pura moral judeocristiana— que algo que cuesta tanto obtener debe, seguramente, ser algo tan bueno como una medalla de oro en las Olimpiadas o un diploma *cum laude* de físico nuclear especializado en fisión atómica en las supernovas de Betelgeuse.

La que dice que no tuvo puerperio, que se agarre fuerte: si no te llegó el momento —como sucede con la rebeldía adolescente— te va a llegar más tarde... y más fuerte. Pero llegar, llega. Dicen los médicos que se debe al ya mencionado cóctel de las hormonas acomodándose a la falta de bebé en la barriga. Yo tengo la secreta sensación de que se debe a la tremenda certeza de que tu vida anterior se derrumba a pedazos cuando sales de la clínica con una criatura en brazos que depende absolutamente de ti. Es como un hito en tu historia: hay un antes y un después del nacimiento. Nunca más tu marido y tú van a poder hacer trekking por el

Camino del Inca trepando cumbres, absolutamente despreocupados. Si lo llegas a hacer, vas a estar en las ruinas de Machu Pichu preguntando dónde hay un maldito teléfono para llamar a larga distancia para saber cómo anda Pablito. Nunca más vas a poder ir al cine sola sin temer que justo llamen de la escuela diciendo que pases a buscar a Canillita porque vuela de fiebre. Nunca más vas a poder dormir una noche entera, por largos meses, sin escuchar berridos desesperados de un bebé que grita de hambre como si lo estuvieran atacando lobos salvajes. Esto es así. Si tienes un hijo, todo cambia para siempre, y te involucra hasta el tuétano y siempre está la preocupación eterna de que el niño crezca entero y feliz.

¿QUÉ HICE YO PARA MERECER ESTO?

Estando maltrecha durante más de veinte días, una descubre que, como el bebé está permanentemente hambriento, no puede embarcarse en ninguna actividad que dure más de un minuto y para la cual se necesiten las dos manos. Porque las mismas manos las necesitaras para sostener al bebé, que siempre quiere mamar. Como los tiernos pezones femeninos no están preparados automáticamente para soportar la succión de una aspiradora industrial, los pezones se agrietan, duelen terriblemente y sangran. Nuestro pequeño vampiro termina tomando entonces un licuado rosado y salado de leche mezclada con sangre y lágrimas de dolor. Esto tampoco lo cuenta ningún libro, pero nos pasa a todas. El médico te dice: «Te tendrías que haber masajeado los pezones desde unos meses antes del parto con crema de lanolina o pomada de caléndula, para endurecerlos». ¿Y me lo dice ahora, que estoy gritando de dolor a coro con mi bebé que grita de hambre? Si lo pensamos retrospectivamente, entre hacer los ajustes en casa y en el trabajo para recibir en paz al bebé, no vemos un minuto disponible para andar masajeándonos solas los pezones con sustancias grasientas en la más absoluta soledad. Qué imagen tan poco feliz. Ni siquiera representa un atractivo juego sexual previo, por lo de las manos grasientas. Y ninguna mujer se siente sexy si nuestro amado nos trata como a una vaca suiza a la que hay que ponerle crema para que ordeñe.

¿La solución tardía? Ir complementando con biberones la alimentación del draculita, hasta que los pezones no duelan tanto, la leche baje con más fluidez, y terminamos despertándolo para que nos quite el dolor de pecho que está por estallar, antes de que toquemos el timbre en una planta lechera de Pascual para que hagan con nuestra producción láctea una partida de dos camiones de manteca a cambio de alivio inmediato.

Cuando una acaba de parir no puede hacer una llamada telefónica, ni tomarse un té, ni ducharse. Ni ir al baño. Ni vestirse. Ni peinarse. Cuando el bebé está despierto, él sólo quiere mamar. Es una etapa horrible. Lo miramos y le decimos:

—Dime hijo: ¿Para ti no soy nada más que una teta?

Y él confirma la espantosa sospecha mamando sin parar.

Para él no somos más que una loba de largas tetas, como la que crió a Rómulo y Remo. Con la diferencia de que tenemos la certeza absoluta de que nuestro crío ni siquiera fundará Roma. Y que nosotras no podemos salir de correría por el bosque cuando nuestro hijo ya esté muy grande para mamar.

Cuando al fin el angelito se queda dormido, una está tan atolondrada por el trajín pasado y tan aliviada por tener ese momento de respiro, que —lejos de saber aprovecharlo— lo pierde dando vueltas como una autómata por la casa, evaluando si le conviene dormir ahora una siesta para compensar con lo que no pudo dormir durante la noche porque el bebé lloraba cada media hora, o si le conviene primero lavar los platos y después el baño, o primero el baño y después los platos, o pedir hora con el médico y después ordenar la casa, o primero guardar la ropa tirada y después tirarse a dormir... Y justo cuando estás a punto de ponerte manos a la obra con una decisión tomada, el bebé se despierta nuevamente. Llorando de hambre, como si nunca lo hubieras alimentado.

Pero no basta con que le des el pecho.

Después de que el bebé se alimenta, hay que hacerle hacer el «eructito» para que no vomite. Pero el eructito le da hipo, y habrá que calmarlo con palmaditas en la espalda que le provocará gases que habrá que aliviarle doblándole las rodillas sobre la barriga, lo que le hace vomitar, y eso le produce hipo, etc.

Después hay que darle las vitaminas, cambiarle la camisita que se manchó con leche y vitaminas color negro tinta indeleble, darle el remedio para los honguitos de la boca, cambiarle los pañales, lavarle el culete, ponerle la crema para el escozor, vestirlo, abrigarlo e intentar hacerlo dormir nuevamente. Y no se dormirá, porque con el tiempo que pasó desde la última vez que mamó, YA TIENE HAMBRE DE NUEVO.

Entonces hay que volver a darle de mamar y empezar irremediablemente todo el ciclo otra vez.

En las escasas dos horas de la última siesta del bebé, una sólo tiene tiempo de hacer un pis y suspirar. Y de darse cuenta que una empezó con esto a las siete de la mañana, y de golpe se hizo de noche. ¿Ya...? ¡Sí, YA!

Con otro hijo, todo este trabajo se duplica. Con tres, se triplica. Y así sucesivamente. Después de todo, ¿quién nos mandó hacer el amor sin triple condón con una capa de amianto?

SUEGRAS Y PUERPERIO: UNA COMBINACIÓN FATAL

Si en ese momento espantoso aparece tu suegra en escena, con las mejores intenciones de ayudarte o acompañarte, la situación se complicará invariablemente.

Ellas no lo saben. Ojalá alguna lea esto y aterrice.

El puerperio es el peor momento para visitar a una nuera.

Caso uno: La suegra habilidosa

Mi amiga Sandra estuvo cuatro días sola en la clínica, después de haber tenido a su bebé con cesárea. Durante los días que estuvo sola internada, hartándose con bombones que le traían los compañeros de trabajo, y con aspirina para sacarse el dolor de cabeza que le daban los bombones, a su suegra se le ocurrió ir a conocer a su nieto. El día en que al fin le dieron el alta y pudo volver a su casa con el marido y su flamante bebé, tan dolorida como feliz y deseosa de compartir su intimidad... ¿Adivináis qué? A la suegra se le ocurrió ir a visitarla a su casa «porque seguro que en la clínica estarías harta de visitas», para ir a decirle, como hacen todas, que el bebé es la viva imagen del padre y que de ti no heredó ni el blanco del ojo, ni las orejas, ni las uñas «porque las de él son más estilizadas, como las del padre» (sic). O sea que lo que intentaba decirle es que el nene nació como la Inmaculada Concepción, pero al revés. La madre no era más que un vientre alquilado para depositar un clon del padre. Muy moderna la óptica de la suegra de Sandra. Ella creyó que la visita era «lo veo y me voy». Pero no. Era «veo y me quedo a cenar». La mujer tuvo la brillante idea de hacerle unas pizzas como sólo mamá sabe hacerle al nene. Me refiero al flamante padre en cuestión, no al lactante, claro. Después de preguntarle trescientas veces a la abrumada Sandra: «¿Dónde hay una molde para hacer la pizza?», «¿Dónde guardas el aceite?», «¿No tienes ajo?», «¿Dónde encuentro tomates?», «¿No tienes un cuchillo que corte mejor?», «¿No tienes una chaira?» (nota de la autora: Dícese de una piedra tipo lima de callos de gigante que se usaba el siglo pasado para afilar cuchillos) y «¿Dónde tienes un colador?» (¿las pizzas se cuelan?, pensó Sandra, alarmada). La dama se puso manos a la obra. La suegra de Sandra es amable, y cada pregunta iba seguida de «Quédate sentada, querida, que no te quiero molestar... Tú descansa tranquila...». Conclusión: Sandra terminó con los pelos de punta escuchando ruidos tipo «crash», «ploing» y «bang» saliendo de la cocina.

Pizzas, hubo, claro.

El «nene» —Roberto, el marido de Sandra, no el bebé— se bajó tres de mozzarella como si fueran pastillas, justo en el peor momento de crisis matrimonial porque Sandra ya no soportaba que su marido tuviera los mismos antojos que ella durante el embarazo: ella tenía el deseo de chocolates y el que se los comía era él; mientras ella comía por dos, él comía por tres. Y claro, se encontró con un marido que lucía una barriga como embarazado de trillizos.

La cena no fue cordial: ella insistió en que Roberto parara con la mozzarella mientras él tragaba todo lo que ella dejaba en el plato.

Al final, la suegra se hartó de escucharlos discutir y dijo que se iba. Sandra entró a la cocina y la vio llena de harina desparramada por todos lados, con un aspecto muy semejante a un barrio popular de Bosnia: vidrios rotos, latas volcadas, alacenas abiertas... La querida suegra le dijo: «Bueno, Sandrita, pasaría un trapo pero no quiero demorarme más. Sé que quieren estar los dos solitos con el bebé. Te dejé los platos en el fregadero para que los laves en cuanto te sientas mejor. ¿No me puedes pedir un taxi, querida?». Eran las dos de la mañana.

Caso dos: La suegra discreta

Marta lo pasó bárbaro en la clínica. Le mandaron flores, la comida era rica, recibió tarjetitas y llamadas alentadores, y la habitación tenía una decoración de hotel cinco estrellas que le hizo pensar en la necesidad de redecorar su casa, que era un rancho al lado de ese lugar.

El marido la acompañó, se quedó a dormir en el sofá cama junto a ella, le acarició la cabeza, le acomodó las almohadas, alzó al bebé cuando ella iba al baño, les sacó fotos a los dos, le puso azúcar al té, se lo revolvió y le acercó la bandejita como si toda la vida hubiera ensayado para ser tan servicial durante tres escasos días.

Al cuarto día, el sueño se rompió: había que volver a casa. El marido metió a los tres bultos (madre, bebé y canastilla) en el coche, y los llevó a casa. En el camino. Marta empezó a llorar a mares: «¡Soy tan feliz, soy tan feliz!». El marido sonrió y le fue alcanzando pañuelos. Pero la caja de pañuelos de papel se terminó y ella seguía moqueando: «¡Somos una familia! ¡Buaaaaá!». El marido la miró sorprendido: «¿Estás bien?». «¡Sí, mi amor, no te preocupeeeees! ¡Buaaaaá!» Marta no estaba nada bien. El marido la dejó, se puso el traje y la corbata para ir corriendo al trabajo donde le esperaba una multitud de trabajo atrasado. Ella lo vio vestido así y lloró más aún: ahora el té se lo iba a tener que revolver ella misma. Nadie le iba a traer la comida a la cama. Ni le iba a acercar los pañales ni las pantuflas. «¡Buaaaá! ¿Ya te tienes que ir?», lloró y lloró. El pobre hombre debía partir. «Me da no sé qué dejarte así.» «Estoy ocupada, estoy bien», le dijo ella con la nariz como una patata. Y él no tuvo mejor idea que llamar a la madre. De él. Sí, la suegra. «Ven hacia aquí, que no sé qué le pasa a Marta que no para de llorar.» Y se fue. La suegra vino a llenarla de sanos consejos: «Tú estás loca, no puedes estar así, angustias al bebé, se te va a cortar a leche, para de una vez...». Y se sentó en un sillón como una reina quejándose de que «este apartamento es muy oscuro.

Aquí no hay ventilación. ¿Por qué no te compras un ventilador? ¿Qué es ese olor a podrido? ¿Tiraste la basura, o quedó basura en el cubo? ¿No me harías un té, que estoy agotada?».

Y Marta, que tenía el trasero como una flor por las hemorroides del parto y los puntos de la episiotomía, y un nene que no paraba de llorar si lo dejaba en la cuna... se tuvo que ir a la cocina a hacerle un té a la suegra. Que lo quería con limón. Como Marta no encontró un limón, aceptó con un gruñido de disgusto que podía ir con una gota de leche. Y cuando la nuera se lo tomó, le dijo «Esto parece un biberón». Después se quejó de que el té tenía un gusto raro, y le pidió a Marta que le hiciera otro, porque seguramente la leche estaba agria después de tres días de estar abierta. Y después no lo tomó, porque, de tanto quejarse, cuando lo probó, el té ya estaba frío.

Así pasó la tarde más importante de la vida de Marta, que gracias a su suegra, paró de llorar.

¿Cómo hizo Marta para que se fuera? Llamando a su propia madre, por supuesto. Las consuegras no se aguantan entre sí, y por eso, cuando llegó la madre de Marta, la suegra le cedió el turno. Pero la madre de Marta no fue más discreta que la suegra:

—¿Este chico no está muy abrigado? ¿Por qué lo acuestas boca arriba? ¡Si vomita se puede asfixiar!... Esta cocina es un asco... ¿Por qué está la ventana abierta de par en par? ¿No ves que las corrientes de aire le pueden hacer mal?

—¡Mamá, cállate!

—¡Nena, a mí no me grites! ¡Mira que eres ingrata, vengo a ayudarte y me tratas así!

¡BUAAAÁ! ¿No hay clínicas especializadas en volver a meterte el bebé dentro?

¿DORMIRÉ UNA NOCHE ENTERA ALGUNA VEZ?

El mayor problema con los bebés recién nacidos es que no se enteran, hasta pasado un tiempo demasiado considerable, que ya salieron del útero.

Siguen moviéndose como amebas en el agua, con los espasmos de un buzo inexperto o de un anfibio sobre la tierra. Y, para colmo, siguen creyendo que el suministro de alimento debe ser constante y a requerimiento perpetuo, como esa sonda que tenían en el ombligo que les llevaba todo lo que necesitaban a través de la placenta.

Y no se enteran porque tampoco se molestan en abrir los ojos para poder verificar que en el mundo hay un periodo luminoso llamado «día» y un periodo oscuro llamado «noche».

Tal como sucedía cuando estábamos embarazadas, el mismo bebé que rehusaba sistemáticamente a patearnos la barriga cuando un pariente o amigo querido nos ponía cariñosamente la mano sobre el ombligo y luego bailaba la comba justo cuando queríamos dormir, sigue con esa odiosa costumbre de ponerse en contra de seguir los horarios normales.

¿Acaso es lógico que si a cierta hora alguien nos llama por teléfono, tengamos que decir «Dice que te llama más tarde porque ahora está *haciendo dormir al bebé*»?

¿Qué es eso de *hacer dormir*? Ya sabemos que a medida que uno va envejeciendo, las horas de sueño nocturno se acortan, y que muchas abuelas tienen problemas para conciliar el sueño durante la noche.

Pero, ¿qué les pasa a los bebés? El motivo fundamental del llanto his-
térico a veces es lo más absurdo que una pueda imaginar:

—¿Por qué llora tanto?

—Porque tiene sueño.

—Bueno, que se duerma y listo.

—No sabe cómo dormirse, ¿no ves que es chiquito?

—Yo, cuando tengo sueño, me quedo dormido sin que nadie me
tenga que explicar cómo se hace.

—¡Pero tú tienes cuarenta años de experiencia durmiendo, sin contar las siestas justo cuando tendrías que lavar los platos!

A la hora en que el chico tendría que dormirse, llora de sueño. Y, si
nos toca la suerte de haber parido uno de los que lloran poco, veremos
que hace esfuerzos sobrehumanos para mantener los ojitos abiertos,
que se le caen de cansancio.

A una le dan ganas de decirle:

—¿Tienes que hacer horas extras hoy? ¿O estás practicando para
trabajar de sereno en una fábrica o en un edificio en construcción?

Una vez que sale de nuestra tripa, el bebé es una contradicción permanente: duerme como un tronco y ni se digna a abrir un ojo cuando
todos los parientes quieren verlo despierto, en las horas diurnas. Pero
basta que una caiga rendida en la cama por la noche, para que el bebé
crea que empieza la fiesta.

No duerme más de dos horas seguidas, le tiene horror al silencio y se
dedica prolijamente a mantener a ambos padres despiertos con sus alaridos.

—Ve tú que yo mañana tengo que levantarme temprano —le dice
una al padre del mini Pavarotti que tenemos en la habitación de al lado.

—No, levántate tú que eres la que tiene la teta —responde con lógica imbatible.

Pero la naturaleza es sabia, y justo cuando pensábamos en aban-
donar el intento de mantener la cordura e intentar que alguna insti-
tución de salud mental nos interne al borde del agotamiento mental
y físico, el chico empieza a estirar sus etapas de sueño. Menos mal,
porque nuestra cara ligeramente verdosa y nuestros ojos hundidos in-
yectados en sangre harían que nos rechazaran asustados en la oficina
de admisión de cualquier manicomio.

Luego de un par de meses de llantos nocturnos, el bebé empieza a dormir cinco horas seguidas, y una se siente agradecida por tener derecho a algo parecido a una noche entera de sueño.

Algunos dicen que no hay que darles bola y hay que dejarlos llorar, para que entiendan que es hora de dormirse.

¿Pero de qué sirve si sus llantos se escuchan aunque empapeles la casa con telgopor y hueveras de cartón y sigas sin poder dormir?

Escuché que un padre harto le empezó a dar a su hijo sedantes infantiles, lo que me pareció criar un adicto a los psicotrópicos antes de tiempo.

Otra pareja de padres flamantes descubrió que el bebé sólo se dormía profundamente si salían a pasear en coche. El runrún del motor lo convertía en un paquete de carne rosada en estado semi catatónico. El problema es que mientras el bebé dormía como un querubín, ellos dos seguían muertos de sueño, gastando dinero en gasolina, arriesgando sus vidas en callejones oscuros de barrios periféricos a las tres de la mañana, y con el peligro extra de que el padre se tragara un árbol al quedarse frito sobre el volante.

Otra madre me dijo que lo que extrañan los bebés en la cuna es tu olor corporal, y que una buena braga sucia junto a su mejilla alarga el periodo de sueño por unos diez minutos más de lo habitual. Me pareció un asco y, obviamente, no lo hice.

Los padres son capaces de hacer cualquier cosa con tal de dormir un rato más por noche.

Un día mi esposo gritó en la cama, furioso y desesperado al despertar con el habitual ¡BUAAAÁ! de las cuatro de la mañana:

—¿A QUIÉN HAY QUE MATAR PARA PODER DORMIR UN POCO?

—¡AL BEBÉ NOOOO! —dije yo, corriendo a cogerlo del moisés.

Cuando empezó a decirlo todos los días, sospeché que era todo un truquito para que fuera siempre yo la que se levantara a consolarlo.

Lo que hicimos con quien en ese momento era mi marido fue que él —sabiendo que con un bebé recién nacido una no tiene ni tiempo para mirar la hora en el reloj— me llamaba todos los días a las siete en punto de la tarde para avisarme:

—Son las siete en punto.

Y a partir de esa llamada, mi tarea se limitaba a despertar al crío y mantenerlo a cualquier costa despierto y con los ojos bien abiertos. No sé si les habré causado a mis hijos daños cerebrales irreparables con ese método —algo se les mezcló en las neuronas, porque el primero empezó a leer a los dos años y medio— pero o bien recibía los daños cerebrales nosotros o los sufría el bebé. Y no es bueno para ningún bebé crecer al cuidado de dos padres subnormales y cerebralmente dañados. Así que optamos por el riesgo que ocasionara eventualmente un mal menor.

A las siete y cinco yo estaba sacudiéndolo, bailando lambadas y carnavales cariocas con él en el salón, poniendo música de Metallica, AC/DC y Todos Tus Muertos a todo volumen, salpicándole la cara con agua fría, haciéndolo saltar sobre mis rodillas como lo haría un camello enloquecido y dejándolo recostado en un parquet poco mullido. Cuando los ojos se le cerraban de sueño, le hacía cosquillas, le cantaba a gritos canciones de los Ratones Paranoicos y le agitaba sonajeros ruidosos a corta distancia. Cuando llegaba el padre, nos arrojábamos el bebé por el aire para que se asustara un poquitín volando en vuelo bajo. Sólo lo suficiente como que se diera cuenta de que no era buen momento para relajarse y roncar.

A las nueve y media terminábamos de cenar hablándonos a gritos para que el chico —y, a veces, también el vecino— se sobresaltara como correspondía.

—Se le están cayendo los párpados.

—¡Rápido, pon la musiquita de los «Gansos Rosas»!

Por supuesto, esta no era una canción de cuna, sino que así llamábamos a nuestro disco de batalla de los Guns and Roses con Axel Rose rompiéndonos los oídos, lo que motivó que en una reunión de la comunidad nos dijeran que no se permitían fiestas juveniles ni descontroles rockeros durante los días de la semana.

Recién entonces, a las diez de la noche yo le daba de mamar al bebé, para entonces hambriento, y luego completaba su nutrición con medio biberón de leche maternizada, para que el combustible le durara para un tramo bien largo.

Y adivinen qué: ¡Funcionó!

El bebé caía rendido como si lo hubieran hecho trepar al Himalaya gateando, y dormía siete gloriosas horas de corrido.

Pero hasta que llega este maravilloso momento (que es cuando el bebé capta al fin que en el mundo se vive de día y se duerme de noche), no te queda otro remedio que compensar las noches que sus llantos te desvelan durmiendo en el tren ¡en la ida y vuelta camino al trabajo y logrando con sorprendente habilidad momentos de siestas en la oficina, parada en el autobús y en la cola del comedor de la empresa donde vamos a pedir el vigésimo café del día.

Café, café y más café para superar despierta días de agotamiento y somnolencia. Hectolitros de café: esa es la dieta básica de la madre con bebé de meses. No es tan mala: es la dieta de los escritores. Supe que Balzac era lo más parecido a una madre con bebés: escribió toda su obra manteniéndose despierto a fuerza de café negro y espeso.

No es demasiado nocivo para la salud, pero puede ser un poco adictivo. Sin embargo, hay maneras para saber si te estás extralimitando en tu consumo diario de café, esa bebida mágica que logra mantenerte con un aspecto de persona despierta aunque tu mente siempre se encuentre bostezando a media manzana detrás de donde está tu cuerpo.

¿Cómo saber si estás tomando demasiado café?

- Te ponen una multa por exceso de velocidad cuando estás con el coche estacionado.
- Mueles los granos de café... con tus dientes.
- Duermes con los ojos abiertos.
- Miras los vídeos en avance rápido.
- En el bar pides un doble café doble.
- Lames la taza de café hasta dejarla blanca nieve.
- La enfermera necesita una calculadora para tomarte el pulso.
- Puedes arrancar el coche sin llave.
- Tu helado favorito es crema moka.
- Tu única otra fuente de alimento es la sacarina.
- No cierras los ojos ni para estornudar.
- Pides café al empezar un almuerzo.
- Juan Valdez le pone tu nombre a su octava hija.

- Puedes escribir, sin problemas, sesenta palabras por minuto con los dedos de los pies.
- Tu cafetera favorita tiene el mango gastado.
- Vas a charlas sólo para que te sirvan café.
- Te parece que el café instantáneo tarda demasiado en hacerse.
- Lo peor que te puede pasar en casa es quedarte sin filtros. Aunque el papel higiénico es un buen sucedáneo.
- Lo peor que te puede pasar en casa ajena es que todos opten por hacer unos mates.
- Cuando vas a una entrevista de empleo, en vez de preguntar por el sueldo, preguntas si en la oficina hay máquina de café.
- La decoración básica de tu escritorio en la oficina son varias tazas de café con restos marrones disecados en el fondo, que ni te molestas en lavarlas antes de volver a servirte.
- Habiendo detectado tu afición, tus compañeros de trabajo ya cuentan con que eres la encargada de hacer el café y de hacer el mantenimiento de la cafetera eléctrica.
- El café que más te gusta es el poso concentrado que queda en el fondo de la jarra de la cafetera eléctrica.
- Cuando el bebé se despierta por la noche te tomarías otro café.

¡AL FIN LIBRE, VUELVO A LA CARGA!

Los chicos son divinos, pero llega un momento en que sentimos que si no volvemos pronto al mundo de los adultos, no vamos a poder hablar de otro tema que no sea que el trencito hace «chucuchú» y que hay que hacer «al agua pato» porque «tenemosh lash manosh chuchias».

Es hora de volver al mundo laboral. Con urgencia. Antes que involucionemos de tal modo que la única destreza de que nos creamos capaces sea cortar berrinches diciendo «mira el pipí», calmar llantos diciendo «sana sana, culito de rana», y cantar *La Farolera* y *Mambrú se fue a la guerra* sin equivocar una sola estrofa.

BUSCANDO LA CANGURO IDEAL

Lo primero que tiene que pensar una madre que va a reincorporarse al mercado laboral es con quién dejar el bebé. Éste es otro de los dilemas que los padres se desentienden por completo mientras que a las madres nos quitan el sueño.

¿Con quién dejar a nuestro adorado bebé? Menuda tarea nos espera. Nos vemos con la necesidad de encargarle a una perfecta desconocida que se haga cargo a tiempo completo de la personita que más amamos en el mundo. Muchas veces esa misma persona tuvo que encerrar a sus propios hijos bajo llave y cadenas para poder cuidar a los nuestros. ¿Y quién dijo que su idea de la educación no sea un candado doble y eslabones reforzados?

Para elegir canguro o niñera hay que hacer como cuando te casaste: abrir los ojos antes y cerrarlos fuerte después. No preocuparse, que sea lo que Dios quiera y rogar al cielo que Jesusa no confunda la lejía con jugo de naranja y el limpia muebles con el óleo calcáreo. Lo que hay que saber de antemano es que no existe la canguro o niñera perfecta, porque quien podía serlo, con las referencias que tenía fue a Harvard a hacer un master en Relaciones Institucionales y Públicas. ¿O te crees que la mujer que sabe cuidar a tu hijo como tú sueñas no tiene más aspiraciones en la vida que lavarle el culito y plancharte las toallas?

Para poder salir a trabajar yo pasé por tantas canguros distintas, que todo el tema es como mi vida amorosa: un Tren Fantasma que primero me pareció divertido pero que me deparó un susto cada dos metros.

Primero tuve a Valeria, una chica joven que adoraba jugar con mis bebés. No quise darle importancia a su pelo rapado y teñido de azul ni a su nariz atravesada por un alfiler de gancho y sus brazos tatuados. Soy una madre moderna y de ideas liberales. Juzgarla por su apariencia hubiera sido tomar una actitud discriminatoria, ¿o no? El problema apareció cuando mi bebé aprendió a hablar y me contó que «Valedia tene pelo azul y Coco tene pelo vede». ¿Coco? ¿Qué Coco? Una de dos: o mi hijo de tres años sufría alucinaciones, o mi empleada tenía un novio tan punk como ella, que entraba en casa sin permiso durante mi ausencia. Lo segundo se confirmó en cuanto le pregunté a Valeria quién era Coco y su cara tomó un color rojo que junto a su pelo azul parecía la bandera de Lituania. Ahí la discriminé sin reparos. Y recomencé esta búsqueda absurda que siempre se desarrolla pidiéndole referencias y teléfonos de canguros a las vecinas o conocidas cuyas recomendaciones tampoco nos inspiran demasiada confianza.

Primero probé con una señora con aspecto de abuela ideal: sonrisa tierna, rulos suaves y regazo tibio. Fumaba cigarrillos negros con una mano mientras le cambiaba el pañal al bebé con la otra, y por la tarde se relajaba bajándose una botella de tequila que yo misma nunca me había animado a abrir. Cocinaba muy bien, pero para ella sola. Un día me gastó todos los huevos para hacerse un soufflé de queso que olía espectacularmente, pero del que no dejó ni una miga.

La cambié por una joven que no comía nunca. Solamente estaba interesada en robarme mi ropa interior de estreno y en tomarse infinitas duchas en horario de trabajo que me impedían localizarla por teléfono y me dejaba sin agua caliente durante tres días consecutivos. Yo podía ir a trabajar sin bragas. Después de todo, si Sharon Stone puede hacerlo ¿por qué no yo? Pero lo que no podía era ir a trabajar sabiendo que si el nene lloraba ella no lo escuchaba porque estaba cantando bajo la ducha. Ese mes me gasté el sueldo en remedios contra el dolor de estómago permanente. Pensé que tenía una úlcera perforada, hasta que el dolor se me fue mágicamente en cuanto le dije a Betty que me devolviera las llaves, la bragas y el sujetador de satén color salmón.

Luego vino una señora encantadora que jamás logró recordar los nombres de mis hijos ni el teléfono de mi trabajo, que traía leche de perra para sacarle al bebé, sin mi permiso, el dolor de dientes y que luego supe que se pasaba el día entero durmiendo en MI cama con los zapatos puestos. «Es mejor que no me mueva mucho, así no ensucio la casa, señora», atinó a explicar.

Me queda claro que con lo que llevo gastado en indemnizaciones por despidos podría haber contratado a la institutriz inglesa de los hijos de Lady Di y a Carlos Arguiñano para que haga la comida. Al final, una llega a la conclusión de que mientras la persona que se queda a cargo de los hijos no permita la entrada de extraños a la casa, vigile que no se ahoguen al bañarse, les saque los clavos, chiches y alfileres de la boca, no incendie la casa, impida que los chicos se maten en medio de una pelea o se cuelguen de las lámparas y le cambie los pañales al menor con una mínima frecuencia, todo lo demás es soportable. Estamos en sus manos, dependemos por completo de ellas. Lo principal es que no falten sin aviso, que sean sanas y que les sonrían a nuestros hijos. Si dejan toda la casa revuelta y polvorienta, eso es lo de menos. Una también puede vivir sin sujetadores de satén color salmón. Lo que no puede hacer es salir a trabajar sin alguien que la ayude en casa.

Una vez tuve a alguien muy parecido a la canguro ideal: dulce, inteligente, buena con los chicos y que además limpiaba muy bien. Si se hubiera quedado con nosotros, mi marido se hubiera casado con ella. Pero se fue por un motivo bastante insultante: prefirió dejar a mis tres alegres retoños para ir a cuidar a un anciano nonagenario al que había que arrastrar hasta para llevar al baño.

Mis hijos lloraron su partida desconsoladamente y yo la odié por abandonarnos de un día para el otro.

—¿Cómo puedes abandonarme así? —le dije, llorando de rodillas ante ella como jamás lo hice por ningún hombre.

—Tuve la oportunidad, y no pude resistirme...

—¡Te di los mejores años de mi vida y me dejas por un viejo!

—Es un buen hombre...

—¿Y yo... qué? ¿No cuento para ti? Te traté como a una reina, lo que me pediste fue tuyo, te di todos los gustos... ¿y me dejas así?

—Señora, comprenda que una se cansa de estar siempre en la misma casa y quiere variar de ambiente —me dijo.

—¡Pero yo también estoy cansada de esta casa y no por eso me mudo cada tres meses! —le dije.

Pero todo fue en vano. Ella se fue sin mirar atrás. Nunca recibí una llamada suya, una carta ni una visita. Nada.

Tengo que confesar que íntimamente le deseé que el viejo que le tocaba atender fuera depravado, cascarrabias e incontinente.

Para mí fue una gran decepción. Alta traición a sangre fría. Yo creía que ella venía a casa por amor al lugar de trabajo. Lamentablemente, me di cuenta de que ella cumplía con su tarea por simple interés hacia el vil dinero que yo podía pagarle.

Sólo comprendí la situación cuando mi jefe se decepcionó de igual modo conmigo el día en que le pedí aumento de sueldo para poder pagar otra canguro más cara, y él me dijo que siempre había creído que yo iba a la oficina por amor al trabajo y que lamentaba saber que yo cumplía con mi tarea por simple interés hacia el vil dinero que él pudiera pagarme.

Nadie te espera con bombones

Una cosa hay que tener clara: cuando vuelves a la oficina luego de haber sido madre, nadie te recibe de manera especial porque hayas tenido un hijo. El ambiente general es de una impaciencia mezclada con abulia como el que hace rato no experimentabas. En el fondo, todos tus compañeros te estaban esperando con los brazos abiertos... para que te apresures a terminar todo el trabajo que dejaste pendiente el día que te fuiste con permiso por maternidad. Nadie va a querer ver las fotos de tu bebé, ni que le cuentes el parto y los detalles de la lactancia. No cometas el error de explayarte en estos temas. Si muestras la foto de tu peladito, lo peor es que todos van a repetir como un disco rayado: «Qué divino/a, te felicito, pero no te olvides de pasarme el listado de productos que tiene que salir hoy». Aunque tú hayas sentido que la maternidad hizo del mundo un lugar más luminoso y especial, en el trabajo las mezquindades siguen a la orden de día; quien te odiaba te sigue odiando, quien te ignoraba te seguirá ignorando, y seguirás almorzando con la misma gente de siempre que sigue hablando de las mismas cosas y no quieren saber nada de pediatras, jardines infantiles o canguros que beben tequila en horas de trabajo.

Todo el mundo te tratará con cierta condescendencia rayando la envidia despectiva, como: «Ésta se cree que porque tuvo un hijo hay que rendirse a sus pies, pero bien que se tomó sus buenos días de vacaciones mientras aquí nos deslomamos para mantener su parte del trabajo al día». ¿Un consejo? Trata de que se note lo menos posible que estuviste pariendo mientras ellos trabajaban. Y no esperes que te regalen bombones o patucos. Más bien, son ellos los que esperan que una les traiga bombones para compensar la dura evidencia de que, mientras ellos aún no tienen ni con quién tener hijos, tú ya te convertiste en una santa y venerada Madre.

Tampoco llames a tu casa diez veces al día para controlar que la canguro lo está haciendo todo bien. Si ya la contrataste, confía en ella. A ninguna empleada le gusta recibir llamadas de la patrona diciendo:

—¿Dónde está mi bebuchi ahora? ¿Qué color de calcetines le pusiste? ¿Qué expresión le ves en la cara? ¿Me extraña? ¿Cuánta leche tomó? ¿Ya camina? ¿Fuma? ¿Tiene novia?

Por un asunto de respeto, cuando estés en medio de una reunión con tu jefe, no se te ocurra atender el celular y preguntar:

—¿Cuántos pañales le cambiaste hoy? ¿Hizo la caquita durita o líquida? ¿De qué color? ¡No me digas! ¿Estás segura? ¿Me guardas el pañal, así lo miro a la vuelta?

Todos saben que al principio vas a extrañar a tu bebé, y mucho. Pero ese no es motivo para que comentes a viva voz que cada vez que miras su foto se te empapa el sujetador con leche o de que le arrebates los bebés a las clientas de la empresa, con tal de abrazar algo blandito y pequeño como tu hijo. Toda madre que trabaja fuera sabe que lo que más vale es la calidad y no la cantidad de tiempo que le dedica a su hijo. A la larga, tu bebé comprenderá tus deseos de realizarte profesionalmente, sabiendo que fue mucho mejor que tú estuvieras todo el día lejos de casa tecleando en el ordenador bajo la mirada de un jefe controlador, a que estés en casa controlando que él no se pase el día entero con los jueguitos del ordenador que en cuanto oye la puerta lo cierra inmediatamente.

Al tiempo, vas a ver que cuando tengas una semana de permiso en casa y el dulce retoño haya crecido un poco, te dirá con una vocecita llena de secretos anhelos:

—Mamá... ¿falta mucho para que vuelvas a trabajar?

—¿Tienes miedo de volver a extrañarme?

—No, quiero volver a jugar al ordenata.

MADRE AGOTADA BUSCA EMPLEO

A veces resulta que después de pasar los primeros meses con el bebé, decidimos buscar un nuevo trabajo. Cosa que no resulta fácil en un país donde la gente soltera y sin hijos, de impecable presencia, con títulos de doctorado en la mano, hace cola a las seis de la mañana en los quioscos de diarios para ser los primeros en leer los clasificados que ofrecen empleo.

Las posibilidades para una madre con críos que atender se reducen considerablemente cuando un potencial empleador te ve la cara con ojeras por falta de sueño nocturno y puré de espinacas salpicado en la solapa del traje.

Todas las madres del universo desearíamos que existieran empleos de media jornada que nos permitieran compartir más tiempo con nuestros hijos. Sería genial que alguien decretara jornadas de cuatro horas a medio sueldo para poder organizarnos mejor. Pero como eso no existe, no te queda más remedio que optar por el Todo o Nada: nueve horas como mínimo. Piénsalo de este modo, también es el 100 % del sueldo para ti.

Una vez decidido que quieres trabajar, hay que armarse de valor para encarar la búsqueda.

Para salir airosa de una entrevista de trabajo no basta con haber peregrinado de rodillas hasta la Virgen del Rocío con una docena de velas encendidas en cada mano y envuelta en la bandera del Vaticano empapada en agua bendita.

Especialistas en recursos humanos de las más prestigiosas consultoras de empleo recomiendan una serie de puntos a tener presentes a la hora de buscar trabajo.

La primera es sacarse la cera derretida que a una se le cayó encima cuando fue al Rocío de rodillas.

La otra es tener una actitud ganadora inclusive antes de la primera entrevista. O sea que para entrar gimoteando: «Vengo de mal en peor, no quiero trabajar porque tengo miedo de dejar a los chicos solos, extraño a mi bebé pero necesito el dinero, así que no le quiero hacer perder tiempo ni quiero soportar otro rechazo...», mejor quédate en casa levantando piezas de Lego esparcidas por el suelo.

A la hora de la entrevista, la primera impresión es definitiva, así que intenta impactar desde el primer momento. Para dejar una impresión fuerte no hace falta asistir a la entrevista con un tricornio multicolor, con cascabeles en la cabeza ni con portaligas rojo y una máscara de goma de King Kong. Tampoco sirve ostentar un curriculum color verde flúor que entone un villancico electrónico cuando se abre. Tampoco sirve alegrar al entrevistador con un encendedor de broma. Con llevar un atuendo decoroso sin manchas de salsa en el cuello, sin moscas que te sigan y sin roturas en la ropa, es suficiente. Y acuérdate de sacarte el chupete que llevas colgando del cuello para que no se caiga al suelo cada vez que alzas a tu bebé. Si por puro agotamiento te olvidaste de sacártelo antes de la entrevista, explícale al entrevistador que era de tu sobrino y lo llevas por supersticiosa.

Si por más que buscas en tu ropero no encuentras nada que no esté roto, descosido o tenga un look premamá como esos petos de panzas holgadas, recurre al inteligente recurso de mentir «¡Caramba, se me acaba de romper el pantalón!», «¡Pardiez, se me corrió la media en el taxi!» o «¡Vaya, cómo he adelgazado con la dieta de la lechuga, este peto me sobra por todos lados!». Pero acuérdate de que tu credibilidad quedará por el suelo si dices: «¡Recórcholis, un enjambre de polillas me acaba de atacar el jersey en la parada del autobús!» o «No puedo creerlo: un bebé *ajeno* me acaba de vomitar en la solapa en el ascensor».

No es aconsejable vestirse con transparencias para causar impacto. Una mujer que se vista con transparencias logrará ser descartada de plano por una entrevistadora mujer y no será escuchada por un entrevistador varón, que no recordará ni su nombre porque se distraerá mirando sus curvas. Si aún estás amamantando, ni te cuento cómo se distraerá con el tamaño de tu sujetador. Por otra parte, vestirse con transparencias es una pésima idea para cualquiera que tenga diez kilos de sobrepeso, cosa normal en las madres que acaban de parir hijos.

Por último, acuérdate de que en la primera entrevista está absolutamente prohibido hablar de sexo, de religión o de política, salvo que estés buscando trabajo en un sauna, una iglesia o en la Casa de Gobierno. Y menos que menos, bajo ninguna circunstancia, se te ocurra abordar el tema de la maternidad, flamante o añeja. Si te hacen preguntas personales como «¿Tiene hijos?», responde con vaguedades que cambien el tema, como: «No recuerdo... ¡Pero qué bella es esa planta que tiene en su escritorio!», «Tenía, pero ya los devolví... ¡Y además sé hablar francés!», «¡Qué hermoso día de sol! ¿Por qué no me pregunta por mi experiencia en el manejo del programa Java en ordenador?». O repreguntas tú, diciendo: «¿Y qué me cuenta de su vida privada? No habrá cometido usted la tontería de tenerlos, ¿verdad?», de tal modo que sea el otro quien exponga sus debilidades.

Acuérdate de que una madre con hijos nunca es considerada la mejor candidata, porque las gerencias de empresas saben que las madres tienen cierta molesta tendencia a ausentarse de sus trabajos cuando tienen hijos en terapia intensiva.

Además, a ningún empresario le entra en la cabeza que una pueda ser una excelente recepcionista, telefonista o gerenta de finanzas si antes de ir a la oficina planchó tres delantales, suministró dos aspirinas, separó una pelea por una pistolita de plástico, le pegó una cabeza a una Barbie y preparó albóndigas para el mediodía.

Y, la verdad, a una tampoco le entra en la cabeza.

Si te obligan a llenar formularios con datos como «Cantidad de hijos», no te queda más remedio que disfrazar la verdad. Una amiga mía con seis hijos me decía que ella solía poner siempre la mitad de la cantidad real: cuando tenía dos hijos ponía uno y cuando tuvo cuatro, ponía dos. Yo, como tengo tres, pongo «1,5» en el casillero correspondiente. O tacho tantas veces la cantidad que queda un borrón incomprensible que espero que ante los ojos de cualquier selector de personal quede, con suerte, igual a «0».

EL PEDIATRA SOÑADO

No hay mayor pesadilla que tener un hijo enfermo. Y no hay mayor felicidad que tener un pediatra cálido y válido, que nos inspira confianza en los momentos de crisis, que conoce a nuestros hijos mejor que el mismo padre, y que sabe cómo hacer un diagnóstico certero y tranquilizarnos con palabras del tipo: «No es nada, querida. Cuarenta y cinco grados de fiebre los tiene cualquier chico. En un par de meses se le va a pasar todo...».

Cuando un chico se enferma, la casa se revoluciona y el mundo deja de girar. Tenemos que postergar todo porque hay que estar al pie del cañón para saber si le salen manchitas por todo el cuerpo, si el dolor de garganta cede, si la fiebre baja o no, si le están dando el antibiótico a la hora debida cuando no estamos en casa. La cuestión se complica con termómetros que los chicos suelen masticar o arrojar al suelo, para luego querer probar el sabor del vidrio partido y de las bolitas de mercurio que —como todos sabemos— son más venenosas que el veneno de cobra. Hay que manipular sin equivocarse varios envases rompibles y volcables de jarabes antitérmicos y antibióticos que hay que suministrar en dosis de 2,7 mililitros cada hora y tres cuartos al primer hijo, y de 5,8 mililitros cada tres horas al segundo hijo, separando las dosis de las comidas.

Nadie sabe por qué, pero el único hombre que habla de «La Salud de nuestros hijos» es el doctor Mario Socolinsky... ¡justo él, que no tiene hijos! Los demás hombres del planeta no quieren saber nada del tema y delegan la salud de sus hijos en las madres, como si los pediatras mordieran a sus pacientes, dieran explicaciones crípticas e ininteligibles o como si los hijos enfermos expelieran sustancias viscosas y corrosivas de las que conviene apartarse.

Es extrañísimo pero es así: los únicos hombres que se animan a acercarse a los chicos enfermos son los que antes obtuvieron un diploma en la Facultad de Medicina. Las madres sabemos cuáles son los mejores, y los defendemos a capa y espada. Porque son los únicos a los que les podemos creer cuando nos dicen, ante un chico de mirada vidriosa, ojeras azules y taquicardia alarmante: «No te preocupes, es viral». Ante cualquier otro médico pensaríamos que lo dice porque está cansado y no tiene ganas de pedir más estudios médicos. Pero si a nuestro pediatra de cabecera no le creemos ciegamente... más vale que nos tiremos por la ventana.

Éstas son las diez características principales que distinguen al pediatra favorito:

1) Tenemos mil números de teléfono donde podemos ubicarlo.

2) Nos da permiso para llamarlo a las dos de la mañana para decirle cosas como «Hizo una caquita dura y un poco verdosita, ¿es normal?».

3) Nos dedica sonrisas amables, nos tranquiliza y no se burla nunca de nosotras cuando vamos a decirle llorando que el bebé se está pudriendo porque le sale un olor feo del ombligo, que no se cayó todavía.

4) Hay dos millones de madres con hijos en su sala de espera, porque se toma una hora para aclararle las dudas a cada una.

5) Tiene la sala de espera siempre vacía porque no quiere acumular chicos enfermos en ella, que terminan contagiándose entre sí. Y te atiende rápida pero efectivamente, lo que evita que empieces a contarle lo que le pasó al hijo de la amiga de tu vecina.

6) Tiene un televisor con cable infantil y un canasto de juguetes en el consultorio para que los chicos no jueguen con su estetoscopio y no lloren de aburrimiento.

7) Da remedios que saben bien y que se suministran en unas pocas dosis.

8) No nos pide que desvistamos por entero a un chico que sólo tiene dolor de oído.

9) Hace una revisión regular a nuestros otros hijos aunque no hayamos pedido turno.

10) Nos asegura que nuestro hijo es el más alto/ musculoso/ sano/ vivaz/ ágil que vio en sus últimos veinticinco años de carrera.

¡NO ME PREGUNTEN QUÉ HAY DE COMER!

Cualquier madre estará de acuerdo conmigo en que no hay nada más difícil que hacerle comer a un chico algo que no quiere comer.

Por lo general los chicos en edad preescolar odian comer.

Para ellos, comer es un rollazo: tienen que interrumpir sus juegos para sentarse ante una mesa que es mucho más alta que ellos, tratar de cogerla con la cuchara dentro de un plato del que sólo ven el borde y volver a coger esa pala desmesuradamente grande y pesada dentro de sus pequeñas bocas.

La mayoría de las veces, comer significa quemarse, ensuciarse todo y quedar con la ropa hecha un asco. Masticar con media dentadura (porque aún no tienen los molares) les cuesta lo mismo que trepar el Obelisco en bicicleta. Al segundo bocado se cansan, dejan la cuchara e intentan escaparse de nuevo a sus juegos. Para colmo, las madres tenemos que luchar con una perogrullada insoluble: lograr que en una misma mesa deje de comer el gordo que adora comer y empiece a comer el flaco que lo detesta, todo en el mismo momento y con el mismo menú. Aunque lo más normal es tener un ejército de anoréxicos que intentan comer lo mínimo indispensable luego de llenarse la panza con pan.

Pero aquí intervenimos las madres, que con todo tipo de estratagemas, coacciones, amenazas, promesas de premios y juramentos de castigos, intentamos que nuestros hijos se alimenten con algo más que gaseosas, salchichas, helados y patatas fritas, que son sus productos favoritos.

Hace unos diez años leí en el diario una nota que decía que unos científicos británicos estaban desarrollando en el laboratorio unos prototipos de verduras diseñadas genéticamente para que fueran aceptadas por los niños: acelgas con sabor a chocolate, tomate con gusto a frutilla y zanahorias con sabor a dulce de leche. Todo ciento por ciento transgénico, pero ¿qué importa? Lo importante es que lo hacían con el fin de que las madres no tengan que amenazar de muerte a sus hijos para que traguen las sanas verduras que los protegen del cáncer de colon y de enfermedades coronarias. Desde entonces no tuve noticias de que tal maravilloso invento saliera a la venta. Todavía sigo esperando que ese producto exista y nos facilite la vida.

Desde el momento en que los hijos largan la teta, se empiezan a llevar cualquier cosa a la boca: cigarros, piedras, monedas, tornillos o alfileres de gancho les parecen igualmente tentadores, como si en la evolución humana hubiera una fase igual a la de un ñandú o avestruz. Éste sería el momento de darles verduras troceadas. Pero el médico dice que no, que hay que esperar a que tengan los dientes y empiecen a masticar para darles zanahorias en cubos. Mientras tanto, ellos se dedican a masticar piedrecitas, cigarrillos apagados y billetes de autobús pisoteados que encuentran en la calle.

Casi al mismo tiempo que se van descubriendo más y más propiedades sanísimas y anticancerosas en las hortalizas, frutas y verduras verdes, los chicos se niegan con más vehemencia a probarlas. Lo que quieren son esas comidas basura con colorantes, gelificantes, aceites industriales y almidones, con cero vitamina.

A las madres nos quedan dos caminos: obligarlos a comer crucíferas llenas de agentes protectores antitumorales o traumatizarlos psíquicamente con amenazas del tipo «Mira que si no te comes la lechuga, mañana te doy hígado», el día que hay lechuga, y «Mira que si no te comes el hígado, mañana te doy lechuga», el día en que hay hígado.

Para colmo, cualquier madre sabe que la comida, cuanto más sana sea, más tiempo lleva prepararla si una quiere que sus hijos se la traguen. ¿Cómo les vamos a dar espinacas sin antes lavarlas, hervirlas, escurrirlas, picarlas y mezclarlas con otro condimento para hacerla más o menos comestible? Una salchicha o una hamburguesa se hace

en segundos y los chicos la reciben diciendo: «¡Viva!». Una sanísima
tarta de calabaza, berenjenas o puerros lleva una hora de trabajo para
verlos fruncir la nariz diciendo: «¡Puaj! ¿Esto qué lleva dentro?». Por
algún extraño motivo, los chicos nunca sienten asco hacia el cadáver de
oveja y vaca vieja mezclado con grasa de carne picada (componentes
de una simple hamburguesa), sino que sospechan de simples raíces,
elegantes frutos, gráciles tallos y frescas hojas inocentemente procesa-
das y cocidas. Les dije mil veces que una zanahoria es algo tan vivo que
si lo plantas en la tierra, crece una planta que florece, mientras que una
milanesa en la tierra se llena de gusanos y huele a mil demonios. Pero
nada de eso los impresiona.

Personalmente, he pasado por la etapa en la que me ponía a proce-
sar brócolis con sesos hervidos para que mi hijo de meses tuviera su
cuota exacta de vitaminas, hierro y minerales. En esa época, en que
aún era abnegada e inocente, mi tiempo en la cocina superaba a mi
tiempo en cualquier otra parte de la casa: me quedaba más de cinco horas sin salir de la cocina, picando, rallando y revolviendo verdura para mi
sanísimo bebé con mofletes 100% caroteno y vitamina C, para luego comenzar a hacer un tentador menú de adultos con el que esperaba cenar
con mi marido.

El problema era que el bebé, al ver fideos con salsa, no quería saber
nada con su papilla de sesos y brócoli: ¡Quería espaguetis!

En ese momento intenté convencer al padre del bebé de que no hay
nada mejor que volver del trabajo y saborear una deliciosa papilla de
sesos hervidos con zanahoria, calabaza y brócoli, pero tampoco él
quiso saber nada con adoptar la sana dieta infantil. Conclusión: pasé
largos años de mi vida haciendo un menú doble, para distintas edades
y engordando como una vaca al cenar dos veces, probando los restos de
la comida del bebé y los restos de fideos con salsa, lasaña o pollo al
horno del día.

Ya no cometo esas locuras.

Si volviera a vivir esa etapa, le daría al bebé una sustanciosa butifa-
rra con patatas o al padre una nutritiva papilla de sesos. «Y si no te
gusta, querido, aquí tienes el teléfono de la pizzería de la esquina.»

En la vida hay que simplificar.

ARTISTAS DE LA COCINA EN APUROS

Cuando yo era chica admiraba profundamente a mi madre por no entender cómo se las ingeniaba para saber qué cocinar para el almuerzo y la cena cada día. Hoy me sigue asombrando lo mismo, pero de mí misma. ¿Cómo me las arreglo para idear un almuerzo en cinco minutos? ¿Por qué somos las mujeres las únicas responsables de la decisión del menú cotidiano? ¿Cómo hacemos para decidir lo que hay que comer día tras día? ¡Encima, tenemos que cocinar en función de lo que compramos y comprar en función de lo que cocinamos! Si lo pensamos bien, esto no es nada fácil. Lo que pasa es que ya estamos acostumbradas.

Hay madres que seleccionan un menú para cada día de la semana, como si la casa fuera el rancho de la mili: los lunes carne, los martes sopa, los miércoles pescado... Yo personalmente creo que ésa es una manera poco creativa de elaborar una carta.

Mi manera es mucho más artística y equilibrada: me limito a preguntarme qué cociné ayer, para no repetir demasiado, porque los chicos son implacables con ese tema de no probar nada que ya hayan comido hace menos de veinticuatro horas.

No sé cómo lo hacemos, pero todas las madres tenemos una especie de registro interno en el que sabemos cuánto tiempo hace que los chicos no comen fibra y cuánto que no les damos proteínas. Y siempre nos las ingeniamos para ofrecer un menú nutritivo y variado sin repetir.

Pero de la misma manera que nos sentimos las Van Gogh de la cocina, cuando se nos ocurre hacer algo simple, rico y nutritivo, toda nuestra inspiración se cae a pedazos al escuchar la pregunta fatal: «¿Qué vamos a comer hoy?» o «¿Qué estás cocinando?».

Cuando escucho eso, tiemblo.

Lo que sigue a esa pregunta es una discusión infinita, una revolución en la casa, protestas, reacciones encontradas, berrinches interminables... ¡un caos!

No hay respuesta fácil a esta pregunta. Más de una vez esquivé la respuesta diciendo: «¿Por qué no vas a ver si llueve?» o «Creo que empieza un programa genial por la tele». Pero no sirve, porque si no contestas siempre se acerca alguno a poner su nariz en la cocina y pasarle la información a los demás.

A veces les disfrazo la respuesta: «Preparé criaturas marinas de respiración branquial empanizadas y pasadas por un breve hervor en aceite de girasol». Esto sólo posterga un poco la reacción de repugnancia natural que se generaría si una dijera directamente «Filete de merluza a la milanesa», pero de ninguna manera evita las protestas.

No hay manera de evitarlo: contestes lo que contestes, siempre habrá alguien que aplauda y otro que diga «¡Qué porquería, yo no como!». Nunca puedes conformar a todos, por eso si dices:

—Ravioles con salsa blanca.

Otro dirá:

—¡Buenísimo!

Y otro dirá:

—¡Puaj, qué asco! Yo no como.

Lo que nos obliga a comenzar una discusión bizantina:

—Tú comes igual.

—Yo como otra cosa.

—Comes lo que hay.

—Esa porquería, no.

—Tienes que comer, y no hay otra cosa.

—Pero de eso no.

—Hoy comes esto y mañana habrá otra cosa.

—A mí no me gusta, así que me voy a mirar la tele.

—Tú te sientas con nosotros en la mesa.

—¡Uf! Me siento, pero no como.

—Te sientas, comes y te callas la boca.

—¡Pero no me gusta!

—¡BASTAAAA!

Una vez en la mesa, tampoco hay manera de pasar una cena «normal».

Si lo que hiciste les encanta, comienza una guerra sin cuartel acerca de cuántos ñoquis o milanesas les tocan a cada uno, y miden con regla y milimétricamente el largo de cada porción, para asegurarse de que el hermano no coma un átomo más que él.

Si lo que hay no les gusta, usan mil subterfugios para no comer nada:

—No puedo comerlo porque quema.

—Bueno, pues sopla.

—¡Ahora está muy frío!

—Te lo caliento.

—¡Ahora quema otra vez!

—Vuelve a soplar.

—¡Se enfrió de nuevo!

—Te lo vuelvo a calentar.

—¡Ahora está seco y quemado!

—Cómelo igual.

—¡No puedo, se me volcó el agua en el plato!

—Te cambio el plato.

—¡Se me cayó la comida al suelo!

—Límpialo.

—¡Se la comió el perro!

—Te sirvo más.

—¡La de la fuente está fría!

—Te la caliento.

—¡Ahora quema!

—Bueno, sopla.

—¡Ahora está frío!

Y así otra vez, hasta que los dejemos ir triunfantes sin comer o los agarremos del cogote y les metamos la comida en el esófago con embudo, como se hace con los gansos para hacer patés, que los atiborran a la fuerza para que el hígado se agrande y rinda el doble.

Lástima que, en nuestro caso, el hígado que se inflama del disgusto es siempre el de una.

COARTADAS INFANTILES PARA VIVIR DEL AIRE

Los chicos pequeños son insufribles con respecto a la comida: cada almuerzo y cena es un drama. En primer lugar, durante años suelen repetir —en cada comida y por enésima vez— las mismas prohibidísimas porquerías que saben que no se hacen jamás: hablar con la boca llena, limpiarse la salsa de la cara con la manga y las manos en la pared o en los pantalones, abalanzarse sobre la fuente volcando todo lo que hay sobre la mesa, tirar la comida fuera del plato, terminar comiendo fideos con las manos, meterse bocados de medio metro en la boca, sacarle la comida del plato al comensal de al lado, quitarle toda la cebolla a cada porción de tarta, etc. Verlos cometer esa barbaridad de infracciones nos lleva a interrumpir cualquier interesante tema de conversación con frases trilladas de las que decimos dieciocho veces por día, pero que por alguna extraña razón no pueden entrarles en la cabeza, como: «No te limpies con la manga, usa la servilleta», «Pon el vaso más adentro que se va a volcar», «No podes escupir lo masticado», «No puedes limpiarte en la pared», etc.

Esto, de por sí, irrita muchísimo. Lo bueno es que te hace bajar de peso. Una vez una amiga me dijo: «Desde que tienes hijos estás flaquísima, ¿cómo lo hiciste?», y yo le dije: «Es que me da tanto asco verlos comer que me quitan el hambre».

Hay otros modos en que los chicos evitan comer, que son igualmente irritantes: uno es remover la comida del plato durante todo lo que dure la cena, poniendo la lechuga a la derecha y la carne a la izquierda para después poner la lechuga a la izquierda y la carne a la derecha. Después se pone la carne más allá y la lechuga más acá, y más tarde se van poniendo los guisantes de uno en uno en el centro y la carne en los bordes. La idea es que una crea que están comiendo cuando en realidad lo que están haciendo es cambiar la comida de lugar en el plato.

El otro truco es cantar a la hora de comer. Ellos saben que en casa no está prohibido cantar: al contrario, es algo que se estimula. El problema es que si cantan todas las canciones de David Bisbal y de las películas de Disney juntas, tienen un pretexto ideal para no probar bocado ya que es de muy mala educación cantar con la boca llena.

Otra estrategia infantil es dar vueltas una por una todas las hojitas de la ensalada diciendo: «Me parece que vi un bichito», y buscarlo en cada patata frita y salchichita del menú durante todo el tiempo que dure la cena y rehusar a comer porque la comida «tiene un bichito».

Como argucias no les faltan, algunos optan por ir al baño en el momento exacto en que se sirve la comida, y permanecer ahí como media hora, esperando que no quede nada en la cacerola. Como saben que una nunca les niega permiso para ir al baño, a veces funciona. Pero les sale el tiro por la culata, porque terminan teniendo que comerse los restos fríos. Lo que desencadena otro drama.

Otra manera de saltarse el almuerzo sentados a la mesa es llorar porque «Me mordí la lengua», «Me corté con el cuchillo», «Me duele la barriga», «Me di un golpe en la rodilla con la mesa» o «Martín me pegó». Cualquier queja es válida si les sirve para no comer. También suelen inspeccionar el interior de un calabacín relleno hasta desintegrar el bocado de modo tal que quede una pasta irreconocible, y por ende, incomible.

Si se llevaron a la mesa un juguete que los distraiga, es seguro que no van a probar bocado. Si les sacamos el juguete, ellos igual se las ingenian para jugar con los palillos, el salero o las servilletas... y no comer.

El agua también sirve para no comer. Consiste en reclamar a gritos durante toda la comida «Quiero agua, agua, agua», bajarse un litro y medio de agua en todo el almuerzo, y después decir «No quiero, estoy lleno, tomé mucha agua».

En casa hemos terminado muchísimos almuerzos o cenas con cuatro personas amargadas e indigestadas por las vueltas que daba un chico de cinco años para evitar comer, trastornando a los demás e impidiendo el normal desarrollo de una conversación amena que trate otros temas aparte de: «Siéntate derecho/ El cuchillo va en la otra mano/ Ojo con el vaso/ Coge lo que tiraste/ Voy a contar hasta tres, y si no comes eso, además te voy a dar hígado».

La madera de mi mesa está gastada de la sal de innumerables lágrimas infantiles a la hora del almuerzo familiar, en los momentos en que hemos negociado absurdas transacciones del tipo: «Si te comes tres bocados más de carne puedes dejar el puré» o «Si no comes la carne tienes que comer seis cucharadas de puré. Bueno, cinco, si después te comes un plátano»... y así hasta la hora del té.

Que un chico caprichoso con la comida deje al fin el plato vacío es algo que quisiéramos festejar descorchando champagne francés... ¡si no fuera porque al rato encontramos que todo lo que pensábamos que había comido está desparramado debajo de la mesa!

ALIMENTOS TRANSGÉNICOS PARA LA ARMONÍA FAMILIAR

Dicen los pediatras y psicólogos que las comidas deben convertirse en un momento agradable, de armonía y relajación. En casa esto sólo pasa si les doy la monodieta de la milanesa con fideos. O si —cuando cocino acelgas o ensalada— los dejara levantarse de la mesa sin comer para seguir jugando.

Esto ya lo intenté y no sirve: a las dos horas vuelven diciendo «Me muero de hambre», y una tiene que empezar otra vez a pensar qué les da de comer para que no se llenen la tripa de galletitas dulces y golosinas. Porque encima, aunque estén muertos de hambre, nunca tienen hambre de manzana, yogur o apio, sino de tartas y salchichas.

Una cocina con la ilusión de hacer cosas sanas que dibujen sonrisas en el rostro de la amada prole, o que los haga decir: «¡Mmmm, qué rico!», como hacen los hijos de los anuncios publicitarios. Pero es una quimera. Por más que nos pasemos la tarde cocinando delicias, siempre habrá alguien que afirme «Yo no como», torciendo la nariz, actitud sumamente contagiosa, porque si hay uno que sospecha del plato, los demás también empiezan a sospechar.

¡Y ni les cuento si el que frunce la nariz y dice «De eso no como» es el hombre de la casa!

El mío ya sabe que esa frase, de su parte, está tan prohibida como hacer el más mínimo gesto de asco... ¡Y menos cerca de los chicos!

Desde que respeta mi orden, me doy cuenta de que no le gusta lo que hay para cenar porque lo veo media hora parado delante de la nevera para ver si de golpe se materializa dentro de ella un pollo o una docena de empanadas.

Hacer la comida es un rito ancestral femenino que implica manejar sutilmente el presupuesto del hogar (no es lo mismo polenta que caviar) y supervisar la ingesta de la familia, tratando de mantener constantes y equilibrados los aportes de proteínas, vitaminas y sales minerales y fibras en el menú cotidiano. O por lo menos, de mantener a raya los rugidos de hambre de todos los estómagos.

Pero, como toda tarea femenina, tiene complicaciones que nos llevan a repetir las mismas frases que decían nuestras abuelas: «¡Esto no es una fonda! ¡Esto no es un restaurante a la carta! ¡No puedo hacer cinco platos favoritos distintos para cada uno! ¡Se come lo que hay! ¡No te levantas de la mesa hasta no terminar la sopa!».

A esa lista yo le añado «¡No me pregunten qué hay de comer!», porque no hay nada más frustrante que escuchar sonoros: «¡Puaj! ¡Uf! ¡Noooo!» después de haber pasado una mañana encerrada en la cocina tratando de hacer algo nutritivo y tentador, mientras una sigue esperando que en las estanterías del supermercado aparezcan de una vez las benditas acelgas transgénicas sabor chocolate y las zanahorias con gusto a dulce de leche, que son las únicas que podrán llenar de alegría la mesa familiar.

LEYES DE MAMÁ MURPHY

Leyes de mamá Murphy

1. Los principios fundamentales que una enseña a los hijos son aplicables a toda la familia, menos a una misma.

2. Los seguros para bebé contra accidentes no funcionan: los bebés son demasiado ingeniosos y los vulneran.

3. El hijo demasiado flaco siempre le cede su porción al que está demasiado gordo.

4. Cuando terminas de hacer una complicada lasaña casera, te enteras que el antojo desesperante de lasaña que tenían tus hijos venció a las veintidós horas del día de ayer.

5. Las posibilidades de que al nene se le caiga el pan con la mermelada hacia abajo son directamente proporcionales al valor de la alfombra.

6. A los chicos no les importa comer patatas fritas del suelo y chupar ketchup de una mesa sucia. Pero no pueden tragar una partícula de piel de manzana ni masticar el más insignificante hollejito de naranja que quedó en el jugo.

7. Para que haya comida caliente en una casa con hijos adolescentes donde la madre trabaja, hay que esperar a que la casa se incendie.

8. Todos los hijos impecables son ajenos.

9. Si un hijo te obedece a la primera orden, es porque antes hizo algo terriblemente malo.

10. Si tus hijos están en silencio, es porque están haciendo engrudo sobre la colcha nueva de tu cama, o algo más espantoso aún.

11. Dile a tu hijo que en el universo hay agujeros negros que se tragan galaxias enteras y te creerá. Dile que la sopa quema y que debe soplar antes, y no te creerá.

12. Si les sonríes hoy a tus hijos: mañana todo será peor.

13. Todo lo que hay que saber sobre la edad del pavo se aprende mirando «Crónicas Marcianas».

14. Los hijos lo hacen todo mal para que les digas: «Deja, lo hago yo».

15. Jamás sucede que a dos hijos adolescentes les guste la misma música. Sólo coinciden en el nivel de volumen.

16. Los chicos lloran más fuerte con la gente que odia a los niños.

17. Justo cuando se te ocurre cómo explicarle las cosas a tu hijo adolescente, él no te escucha porque tiene el walkman puesto.

18. Si ves un hijo lejos del televisor, es porque el aparato acaba de romperse.

19. Sólo entrarán a casa con los pies embarrados cuando hayas acabado de limpiar el suelo.

20. Cuando decidiste hacer una cena para comer en familia, todos tienen otros planes.

21. Ese encargo tan pesado que te pidieron en el trabajo siempre coincide con un par de hijos enfermos y reuniones de padres en el colegio.

22. Jamás hay que llevarle la contra a una madre cansada. O descansada.

23. El rollo del papel higiénico estará agotado en el momento en que es la madre quien lo necesita.

24. El poder corrompe. Ser la reina de la casa, agota.

25. Las nuevas soluciones vienen acompañadas con problemas nuevos.

24. Tranquilidad es lo que tiene una antes de que le cuenten lo que realmente está pasando.

25. Que seas paranoica no significa que toda la familia no esté confabulada en contra tuyo.

26. Inmediatamente después de que ya hayas explicado todo a todos, tendrás que explicarlo de nuevo.

27. Que una esté preparada para afrontar emergencias no significa que pueda afrontar la vida cotidiana.

28. La vida hogareña se limita a llenar lo vacío, vaciar lo lleno, mojar lo seco, secar lo mojado y rascar donde pica.

29. Las madres no creen en milagros. Dependen de ellos.

30. Ríete de ti misma. Todos lo están haciendo.

JUGUETES ROTOS Y PACIENCIA HECHA TRIZAS

Los niños son destructivos por naturaleza, así que la premisa fundamental para su educación sería mantenerlos tan entretenidos como para que no nos destruyan por completo la casa. Ésta es una de las cosas más difíciles de lograr en la vida. En primer lugar, porque los chicos tienen la misma capacidad de atención que un conejito de indias. Nada logra acaparar su interés por mucho más de dos minutos seguidos, a excepción de la bendita televisión. Sí, esa misma caja boba que una criticaba que estuviera siempre encendida en las casas de las amigas que fueron madres antes que una, termina siendo el más preciado objeto de la casa, por el sólo motivo de que mantiene a los niños inmóviles y en silencio, mirándola estupefactos, por un tiempo valiosísimo que una puede aprovechar haciendo cuarenta tareas atrasadas, y que al rato se da cuenta que desperdició el tiempo tratando de decidir por qué tarea empezaba primero.

Para distraer al enemigo (los hijos) impidiéndoles que —como Atila y los hunos— arrasen con cuanta brizna de pasto crece a su paso, los juguetes son fundamentales.

COCHECITOS Y LADRILLITOS

Todos los chicos necesitan, ansían, viven por y para los juguetes.

Dicen los psicólogos que ellos usan los juguetes para poder moldear el mundo con sus propias manos, para poder explorar qué sucede si a algo le dan vuelta, lo encastran, lo apilan y luego lo patean. Gracias a los juguetes, no hace falta explicarles a los chicos las leyes de la física y de la química, como que «Si empujas un vaso con témpera del borde de la mesa, ésta se cae al suelo y te mancha toda la ropa. Y si tiras el trenecito eléctrico en la bañera se hunde, deja de funcionar, se oxida, y además cuando papá llegue te va a pegar con una aceleración gravitatoria de 9,8 m/s^2, a lo que tienes que sumarle la fuerza del puño de papito».

El tema que las madres no terminamos de entender es: ¿Qué les pasa a los fabricantes de juguetes que demuestran odiar a los adultos? Porque queda claro que casi todos los juguetes son una tortura para los padres. ¿En qué cabeza cabe que es una buena idea fabricar una caja con 550 diminutas piezas plásticas para armar?

Eso significa encontrar piezas de Legos debajo de las sillas, detrás de la nevera, entre las sábanas, en la tierra de las macetas, debajo de la alfombra y a veces hasta dentro del pastel de chocolate.

Hay odiosos juguetes simples, como aquellos camiones de juguete, que son fabricados con plomo ultra-pesado, de modo que si una madre no se rompe el metacarpo del pie al llevárselo por delante, al menos sirve para que se repita la historia en la que Caín mató a Abel en versión casera, cuando Jorgito le lanza el camión por la cabeza a su hermano Julián, rompiéndole de un solo saque el parietal y el temporal derechos.

Los casi angelicales cochecitos Micromachines son en realidad diabólicos, ya que tienen dos funciones malévolas, a saber: servir de insospechados patinetes tanto para la madre incauta que los pisa en medio del salón, como para los distraídos niños que aún no saben caminar bien y ya están aterrizando cada dos minutos en el suelo. O bien, debido a su tamaño, perderse siempre, ocasionando interminables gimoteos en nuestros retoños, que claman a gritos por su «jeep azul» y «el Renault verde» (ya se sabe que los chicos, aunque tengan 3.200 cochecitos, identifican cada uno perfectamente por su marca de origen).

Pero en materia de coches hay aún otros peores: están los que nos rayan todos los muebles (y los cerebros con su zumbido incesante); los que funcionan a pilas y emiten toda clase de sirenas penetrantes y ruidos estridentes (de ambulancia, policía, etc.) y los de control remoto, que son peores porque se mueven como ratas y una nunca sabe por dónde andan, hasta que los atropella cuando está llevando una cesta de ropa seca para planchar que le obstaculiza la visión.

FAUNA PLÁSTICA

También hay otro tipo de animalejos de plástico que se pueden dividir en dos subclases: los que hacen ruido al apretarlos y los que no.

Los que hacen ruido están diseñados para poner los nervios de punta a los padres a la décima vez que los chiquitos los aprietan. Dan ganas de meter el elefantito azul en el microondas, a temperatura «high» y acabar de una vez con los agudos «Cuuuuic... Cuuuic» de un absurdo elefante que no tiene nada que ver con los que el nene conoce después en el zoo y no reconoce como tales, porque para él un elefante que se precie es azul y hace «Cuic».

Los que no hacen ruido son una fauna tan improbable como insoportable: patos verdes, tortugas violetas, cocodrilos amarillos y perritos rojos que el niño quiere llevar consigo cada vez que se baña. Y el baño consiste, entonces, en tratar de encontrar un pedazo de carne humana para enjabonar en medio de un flotante zoológico multicolor, en donde en el último momento su sucio propietario le añadió tres barquitos, un velero y diez pelotas.

Hay otros adefesios lúdicos como teléfonos en forma de hipopótamos rodantes con techo y chimenea en el lomo, que se deslizan produciendo extraños y escandalosos efectos sonoros que impiden toda conversación normal. ¿Qué fabricante habrá tenido la maravillosa idea de confundir de tal manera a nuestros críos construyendo algo tan antididáctico y confuso, que encima hay que arrastrar por toda la casa con una cuerdecita que se traba en las esquinas y en las sillas y que no se destraba sin la ayuda materna?

Un amigo le regaló a mi nene un conejo gigante. Mi hijo le dedicó diez minutos el primer día y luego el enorme animal ocupaba en casa el espacio correspondiente a dos abuelas y un abuelo apoltronados en una esquina, o el de cuatro hijos más. Encima, mi hijo entraba en crisis cada vez que quería cogerlo o ver algo que estaba detrás porque el conejo pesaba como 40 kilos y ni se ladeaba con los empujones de un bebé de pañales. Era muy caro para tirarlo, muy pesado de acarrear para regalarlo y demasiado voluminoso para conservarlo. Entonces se me ocurrió utilizar la técnica que usa Sábato para deshacerse de los cuadros que no le gustan: los pone en la terraza para que los elementos de la naturaleza los destruyan. Los elementos harán polvo los cuadros de Sábato, pero no había nada que hacer con mi detestable conejo. A los seis meses de estar a la intemperie, el conejo empezó a oler mal. Al año se empezó a desteñir con el sol. Al año y medio la panza se le empezó a desmoronar. A los dos años, se redujo y lo pude tirar. Ese día mi hijo lloró como si hubiera tirado a un hermano. Conclusión: si quieres tener algo en el jardín que dure más que tu propia membrana asfáltica, compra un conejo gigante y déjalo a la intemperie. Son casi indestructibles.

JUGUETES A PILAS

Los juguetes a pilas también están hechos por alguien que odia a los padres... y a los niños. En primer lugar, las tapas del compartimento de las pilas están hechas para perderse siempre. Y si se caen las tapas, se caen la pilas. Entonces vamos juntando por la casa una cajita de música muda, un pianito que no suena, un walkie-talkie impar, un perrito saltarín que quedó inválido y una muñeca caminadora en estado de coma. Todos los juguetes que logran que los chicos ya no les presten atención los arrojen contra la pared con un despectivo «No anda» o «Está roto». Claro que ninguna de esas dos cosas es cierta. Lo cierto es que nuestra casa ya es un depósito casi radiactivo de alta toxicidad con la cantidad de pilas sueltas altamente contaminantes que encontramos por todas partes. ¿Y qué me dicen de las guitarritas eléctricas y saxofones de música grabada, para castigar con jaquecas a los padres insensibles de las inquietudes musicales de sus retoños?

Hay hermosas muñecas que hablan y guerreros que lanzan patadas voladoras, que producen interminables llantos cuando se gasta la pila de un tamaño inconseguible en el quiosco de la esquina y probablemente también inconseguible en Hong Kong.

¿Y cómo olvidar los juguetes diseñados para que los padres pasen agradables jornadas completas desenredando bolas de cuerdas anudadas como son las de los títeres y los paracaidistas en miniatura?

Pero lo peor son los juguetes para armar, que siempre tienen que armar los padres:

—¿Me lo armas, mamá?

—Después, bichito...

—¡Pero yo lo quiero ahora!

—¿NO ves que estoy ocupada?

—¡Buaaaá!

Las madres terminamos poniendo cabezas de muñecas decapitadas mientras freímos milanesas, y armamos alerones traseros de coches de carrera mientras removemos la salsa blanca. Y a la vez intentamos darle un viso de cordura a nuestro discurso cuando alguien nos llama por teléfono diciendo: «Hola, ¿qué estabas haciendo?». ¿Qué le podemos decir? ¿La verdad?

Pero los interlocutores suelen hacer otra pregunta peor: «¿Estabas ocupada?». ¡Cómo se les ocurre preguntar semejante estupidez! «No, tengo tres hijos hambrientos que se tienen que bañar, pero yo estoy mirando revistas de moda en una hamaca paraguaya...» ¡Por favor! ¡Una madre siempre está ocupada!... Pero, ¿qué podemos decirle al que pide detalles?:

—Mira... Estoy poniéndole una cabeza a una Barbie decapitada mientras vigilo que no se me quemen las milanesas, a la vez que coso los botones de dos delantales y cuido que mi hijo menor no se ahogue en la bañera, mientras intento exprimir naranjas para que tomen vitamina C y no se engripen todos a la vez.

—Bueno, te llamo en otro momento que estés libre —nos dicen.

Y ese momento no llega nunca. Porque al rato tenemos que barrer 1.000 piezas de un rompecabezas que quisieron armar en el suelo del salón, coser la pierna de una muñeca de trapo y ordenar las piezas de madera que desparramaron debajo de las camas.

Yo a veces junto todo y lo tiro en un canasto enorme en donde se encuentran revistas infantiles, piezas de juegos de té, soldaditos de plástico, pelotas de plástico, coches a pila sin pilas, muñequitos de McDonalds y ropa suelta de muñecas, mientras las muñecas están todas patéticamente desnudas. Cuando el canasto desborda, regalo la mitad a un hospital de niños, siempre que los chicos no estén en casa, en cuyo caso defienden a muerte el canasto diciendo «Ese zapatito no, que es de mi payaso que no sé donde está», «Esa sartén no, que la necesito», «Ese cubo no, que era con el que yo jugaba cuando era bebé». Cuando encuentro muchas cosas rotas, las pongo en bolsas y las saco con la basura, para que la recolecten los camiones para reciclar. Más de una vez faltó un hijo a la mesa, que estaba revolviendo la basura para recuperar pelotas pinchadas, sillitas de Barbie y comiditas de plástico.

—¿Cómo fuiste capaz de tirar mis comiditas de plástico? ¿No ves que yo siempre juego con ellas?

—La última vez que te vi jugar a las comiditas fue hace dos años.

—¡Pero justo hoy pensaba hacerlo!

Cuando tengo muchas energías, empiezo a separar ese magma de plástico multicolor y lo guardo por categorías: cubos con cubos, cochecitos con cochecitos, animalitos con animalitos, sonajeros con sonajeros, etc. Eso logra que los chicos sientan un entusiasmo renovado por cosas que hasta entonces habían sido simples pedazos de plástico de color. Y a mí me sirve para encontrar en el fondo de la canasta mi carnet de la seguridad social, los anteojos de la abuela, mi diafragma, la tarjeta de crédito de mi marido y hasta el contrato de edición de mi próximo libro.

Eso es lo que tienen de bueno los canastos de juguetes: todo lo que desapareció y no se encuentra en el resto de la casa, seguramente se encuentra ahí. ¡Hasta las llaves del dueño!

JUEGOS DE MODA

Si tus hijos te piden algo de regalo, hay dos manera de actuar: se lo compras inmediatamente o no se los compras jamás. Los juguetes se ponen de moda entre los chicos, y no hay nada más deprimente para un crío que recibir hoy un regalo que pidió hace seis meses, como cuando los padres le compran los muñecos de los Power Rangers cuando lo que hace furor son los Pokemon y los Digimon. Los chicos se sienten ridículos cuando han de jugar con artefactos pasados de moda. Es como distraerse con una peonza cuando se juega a la Game Boy. Así que con los juegos de moda hay que decir un «Sí» veloz o un «No» definitivo.

Para esto, los padres, los tíos y los abuelos deben de estar al día, y preguntar a gente con niños que tengan la edad de los nuestros. Ningún chico juega con trenecitos hoy en día: eso era para la época de la María castaña. En la era del jet, los chicos se fascinan con los dinosaurios y saben diferenciar perfectamente a un *Estegosauro* de un *Carnotauro* gracias a *Jurassic Park*. Una se pregunta para qué sirve memorizar los nombres de animales extinguidos hace millones de años, o de 172 Pokemones inventados por japoneses que se nota de lejos que desayunan con sake, el tradicional aguardiente de arroz, que parecen querer volver locos a todos los padres del mundo que tienen hijos obsesionados con los poderes de Mew Two y las complicadísimas evoluciones de cada bicho infesto de la colección. Si decidimos comprarles los juguetes que quieren rápido, más vale que nos apuremos para que tengan los 151 Pokemones, porque el mes que viene ellos mismos los tirarán a la basura porque la moda son los Láser Skorpions y sus Amigos Radiactivos o algo así de letal, agresivo y galáctico.

Y aunque nos gastemos el sueldo en un turbo jet con luces y escalerillas mecánicas que simula el ruido de despegue, si no traemos a casa aunque sea un miserable posavasos con la imagen de un Láser Skorpion, nuestros hijos nos dirán «Qué porquería... ¡Yo no quería eso!», y se nos hará trizas el corazón. Lo peor es que tampoco podemos cambiar el turbo jet por cuarenta y siete llaveros de Láser Skorpion porque los chicos siempre dicen eso después de despedazar el envase hasta dejar el suelo lleno de fragmentos de cartón y plástico transparente.

Mi técnica en estos casos es esperar que terminen los furores, y complacerlos con otros juguetes no tan caros, con lo cual logro cierto ahorro. Los chicos crecen con la mitad de la frustración y desarrollan esquizofrenias tempranas por el comportamiento imprevisible de una madre que oscila entre el derroche y el más flagrante tacañismo.

Pero pasa algo peor. Cuando tus hijos se pasan un mes entero diciéndote todos los días a toda hora que no pueden vivir un minuto más sin el Lanzatorpedos Super Booster que ya tiene TODOS los chicos de la escuela menos él, o cuando la nena dice que le da vergüenza no tener un Cutrix como sus amiguitas, que es una especie de oso parlante con largas pestañas y hociquito que frunce cada tanto, que mueve las orejitas cuando alguien lo toca diciendo frases impresionantes como «Estoy tan cansado...» o «¿No me das un besito?» y que cuesta algo así como medio sueldo. Tanto te rompen la paciencia con los ruegos, que una empieza a hacer cuentas: «Suspendo la suscripción a la revista y el diario, no me corto el pelo, no llevo el traje a la tintorería, le digo a la canguro por horas que sólo planche y se vaya pronto, no tomo vino, no uso el móvil, camino en vez de tomar un taxi y no fumo durante tres meses, sumo todo, me llevo uno, y puedo comprar el Cutrix y el Lanzatorpedos en cuotas...».

Pero en cuanto les entregamos a nuestros hijos los preciadas tesoros, ellos dicen «Ah, que bien», lo dejan a un lado y se dedican a jugar fascinados con el cucharón de la sopa, un cubo y una sábana vieja, construyendo un barco rodeado de cocodrilos en el Mar Caribe con esos simples elementos.

Y una se quiere morir, porque ellos ignoran aquello que tanto nos costó comprar. No nos queda más remedio que sentarnos a jugar con el Supertorpedo y dormir abrazadas al Cutrix ignorado que lloriquea «¿No me das un besito?» en un tono lastimero que no sé por qué me parece dirigido a mi hija y no a mí. Entonces no lo beso.

Hay que mirarle la parte buena al asunto: al menos dejamos de fumar durante tres meses, y eso no nos va a hacer ningún mal.

Recuerdo cuando fui tía antes que madre, y además no tenía un duro. ¿Cómo lo hacía? Porque mi sobrino era pedigüeño hasta decir basta... Yo lo entretenía en casa durante tardes enteras. Una vez se divirtió como loco pintando piedras. Buscábamos en una obra cercana piedras con formas raras y después las pintábamos en casa con formas de sapos, tortas, botes, tortugas, etc. Lo pasamos bomba. Después se las llevaba a su casa ¿y qué importaba si se rompían o se perdían? Otra vez nos divertimos haciendo una casa con ventanas, puertas y todo, con una simple caja de cartón. ¿Quería un garaje? Lo hacíamos con una caja de jabón en polvo. ¿Quería un barco? Tijeras y papel. El nene desarrollaba su creatividad, hacíamos algo en equipo y apreciaba mucho más esas cosas que los juguetes prefabricados que vienen «de arriba»... ¡Qué tiempos aquéllos! Me pongo a pensar por qué no puedo hacer lo mismo con mis hijos, y quisiera, pero... ¿de dónde saco el tiempo? Las madres compradoras de Cutrix ignorados estamos tratando de hacer tantas cosas al mismo tiempo que cuando llega la noche sonamos igual a un Cutrix tamaño familiar: «Estoy tan cansada... ¿No me darías un besito?».

SIEMPRE ES DIFÍCIL SALIR DE CASA

Si una tarde una definitivamente no está de humor para juntar juguetes ni siquiera para inventar juegos creativos, ¿qué se puede hacer entonces para amansar a las fieras?

«Huir», piensa una. Acto seguido, carga a los críos, bolso, cochecito, biberones, pañales, abrigos por si refresca, cubos, palas y moldecitos, y parte triunfante hacia la plaza.

Si la dejan.

Por algún insondable motivo que el alma materna no alcanza a descubrir, basta que una haya decidido salir de una vez de casa, para que los chicos se empiecen a comportar como una siempre deseó, mucho antes de tenerlos y toparse de frente con la chocante realidad.

Supongamos que dos minutos antes de decidir salir se estaban cogiendo de los pelos, vaciando cajones de ropa para usarlos como «barquitos», empapando el baño para lavarle el pelo a un oso de peluche de medio metro de alto y preparándole pizza al gato con un kilo entero de harina volcada sobre la mesa. Ese tipo de cosas que ellos hacen de forma lúdica a nosotras nos ponen los pelos de punta y nos dan ganas de convocar a Cruella de Vil y convencerla de que nuestros hijos son dálmatas disfrazados.

Los chicos, distraídos como parecen, son capaces de leernos el inconsciente. Y así como nos vieron furiosas cuando los encontramos con las manos literalmente en la masa, se convierten en querubines inocentes y divertidísimos con un inocente lápiz y un papelito en el momento en que estaríamos listas para salir. Como saben que ya nos vamos a pasear, empiezan a apreciar las pequeñas cosas de la casa. Aunque dos minutos antes estaban haciendo un estropicio por todos lados, en cuanto decimos: «Vamos a salir», aparecen de golpe compenetrados mirando todas las ilustraciones de *Las Mil y una Noches*. Ya probé fingir que nos íbamos cuando no tenía ninguna intención de hacerlo: el truco no sirvió. Sólo funciona cuando nos ven con la chaqueta, la cartera al hombro, las llaves en la mano y la mano en el picaporte. Y cuando estamos con una pata fuera, de pronto reina la paz, nadie pelea con nadie, todos están entretenidos con diversiones sanas y no haciendo porquerías, y de golpe una se ve a sí misma parada ante la puerta —con el bebé limpio, cambiado, comido y dormido en brazos, en ese estado beatífico que les dura cinco minutos—, sin saber bien para qué quería salir. Pero, ya que está, sale.

—Chicos, vamos a la plaza.

Ni caso.

—¡Chicos, vamos a la plaza de una vez, antes de que se haga de noche!

Nada de nada. Ni te miran.

—¡CUENTO HASTA TRES, Y AL QUE NO SE LEVANTE PARA IR A LA PLAZA CUANDO DIGA TRES LO DEJO COMPLETAMENTE SOLO, SOLO, SOLO ENCERRADO AQUÍ DENTRO! —suelo decir yo. Y en el acto me arrepiento, porque imagino que mis hijos van a crecer después llenando su vida con música fuerte, tele, radio y amigos frívolos porque tendrán terror de quedarse solos.

El mito de la plaza

«La plaza» es un concepto abstracto que todo niño y madre tiene idealizado internamente. Pero que cada vez que se encuentra con la cruda realidad se da una y otra vez la cabeza contra la pared al recordar qué tormento paterno es aquello de llevar los chicos a la plaza. Para que tengan una idea de lo que digo, primero procederé a describir la plaza típica:

La plaza es un lugar con los mismos juegos aburridos y peligrosos de siempre, donde la arena está llena de «regalitos» de perro y la hierba ha desaparecido o está llena de más detritus caninos, papeles, hormigas, bichos que pican y vidrios rotos. Los bancos siempre están rotos, les faltan clavos y tablas y se colocan siempre en el lugar opuesto de donde están los juegos, por lo cual los padres se ven obligados a permanecer de pie, o sentarse sobre el centímetro cuadrado de arena que no tenga restos de perros o vidrios rotos.

Los tradicionales juegos en cuestión son los siguientes:

Toboganes

Este implemento, que podría diseñarse con formas novedosas de muy bajo costo, haciendo curvas, con tres niveles distintos, y variantes que estimulen al chico a recorrerlo, sigue con el mismo diseño de la época en que nuestro abuelito iba al jardín de infancia. Con un poco de inventiva, podrían hacer toboganes con bajadas en forma de tubo y con distintas maneras de llegar hasta su cima: trepando, con escalones o colgándose de sogas. Mientras tanto, la bajada sigue siendo una simple tabla inclinada, a veces sin barandilla o un mínimo de borde de contención o una protección segura en la cima. Las madres seguimos sudando tinta cuando vemos a nuestros muchachitos tardar más de lo necesario en lanzarse hacia abajo. Vemos un vacío de dos metros de alto a ambos lados del chico, sin otra contención más que la barandilla oxidada de donde se agarran. A mi hijo de un año, un tobogán le pareció tan inseguro al ver tablas rotas en su bajada, que prefirió tirarse de cabeza al suelo porque no sabía cómo bajar la escalinata marcha atrás. Claro que se abrió la cabeza, pero sobrevivió. ¿Tal vez la idea de estos toboganes rotos o incompletos sea hacer un entrenamiento temprano para paracaidistas kamikazes?

Columpios

Reciben ese nombre unos caños larguísimos que ocupan media plaza, del que penden uno o dos hamacas escoradas entre las cinco o seis originales que deberían funcionar a la perfección. Esta escasez de hamacas en condiciones de balanceo ocasiona horas de espera, llantos infantiles y largas discusiones sobre el derecho a uso y/o turnos usurpados. Una creía que iba a la plaza para que los chicos se diviertan, y termina agotada de tanta pelea por el uso de las hamacas, por montar guardia de espera para no perder el puesto en la «cola hamaquera», y por pasarse la tarde discutiendo a quién le toca hamacarse con peleones de menos de un metro de alto que tiran a nuestros hijos de la hamaca para poder subirse ellos. Una, que llevó a los chicos a la plaza para que se sociabilicen y tome contacto con otros de su tamaño, termina diciendo: «No te juntes con esos chicos malos», mientras les limpias la mezcla pringosa de arena con mocos de frustración.

Además, la estructura que sostiene la mayoría de las hamacas parece diseñada por alguien muy resentido contra la infancia. La zona de hamacas se limita a componerse de unos caños larguísimos que quitan espacio para el juego libre: cuatro patas, un caño a dos metros de altura y cadenas colgando con tabla roídas que arrastran por la arena. El conjunto se parece mucho más a un instrumento medieval de tortura que a un juego infantil.

Algunos chicos intentan trepar por las patas, buscando la manera lúdica de abordar estas cosas. Y se quedan ahí, a mitad de camino entre el suelo y el cielo, con una sensación absoluta de anomia, de no saber para dónde ir. Una frustración total hasta para los más atléticos de los niños.

Tiovivo

No me refiero a los tiovivos grandes que son propiedad privada y por los que hay que pagar, sino a esos pequeñitos, que los mismos chicos tienen que hacer girar tirando del volante del medio, a pulmón. Sí: Hablo de esos que están en vías de extinción. Los pocos que quedan en algunas plazas de la provincia están destruidos, y nadie se molesta en arreglarlas. ¿Y sabéis qué? ¡Cuando funcionan son el más divertido de los juegos! A los chicos les encanta empujarlos para hacer girar a otros chicos. Pero como los diseñadores de plaza lo saben, se dedican a hacerlos desaparecer del mapa. No sea cosa que los críos lo pasen bien. Para ellos las plazas son un lugar destinado a enseñar frustración a temprana edad. Después de todo, conviene aprender a lidiar desde joven con el más cotidiano y común de los sentimientos humanos.

Sube y baja

Este tradicional juego de la época de nuestros bisabuelos sería aceptable si —ya que nadie jamás pensó en modernizarlo, darle un aspecto más atractivo, o más confortable— al menos tuviera alturas distintas para cada edad. Lo ideal sería que existieran sube y bajas bajitos para los menores de cinco años y otros más altos para los chicos grandes. De este modo, las madres no tendríamos que rompernos la espalda, agachándonos mientras sostenemos a los bebés cuando la tabla baja hasta el suelo, ni temer un infarto cada vez que un crío de trece deja en suspenso a tres metros del suelo a un chiquitín aterrorizado de tres años, que aúlla de espanto aferrándose al único clavo oxidado que quedó como agarraderos en la tabla. No sería nada desdeñable que contaran con un sistema de amortiguación y freno que impidiera que los grandes hagan chocar con sadismo su extremo de la tabla contra el suelo para catapultar por el aire al más liviano que está en la otra punta. Tampoco estaría nada mal que acolcharan el suelo para amortiguar los golpes en los coxis y los cráneos. Tampoco que diseñaran un sube y baja con forma de cohete espacial techado, con forma de caballitos, etc. Pero no deliremos. Me conformo con que les pongan asideros para que los chicos tengan de dónde agarrarse. A casi todos les están faltando. Tal vez sea una manera subliminal que tiene el Estado para enseñarles a los nuevos ciudadanos que en la vida, como en la plaza, lo más difícil es tener de dónde agarrarse.

Los tubos

No merecen otro nombre unos arcos de tubo pintado con tubos cruzados a modo de escalerita que ponen en las plazas más nuevas y que no sirven para nada. La idea sería que los chicos puedan trepar. Pero es casi imposible subir por un lado y bajar por el otro, porque en la cima se obliga al chico a subir por una escalera *horizontal,* misión difícil si las hay. Por eso, salvo que el chico sea un pariente cercano de los chimpancés, o haya participado en los Juegos Olímpicos, estos tubos malditos nos obligan a las madres a pararnos firmes como granaderos vigilando que la integridad de sus anatomías quede intacta aún atravesando semejante desafío de destreza muscular. Debemos estar alertas para atajar en cualquier momento una masa de brazos y piernas de veinte kilos que se precipita a tierra con una aceleración gravitacional de 9,8 metros por segundo, suficiente para dejarla estampada a una con cartera, bolso, bolsito e hijo encima sobre un cóctel nada agradable de arena, palitos de helado y caca de paloma. Ni que hablar cuando el nene grita desde arriba: «¡Buaaa! ¡Quiero bajar!» o «¿Y ahora cómo hago?» cuando se da cuenta de que la única alternativa es bajarse trepando marcha atrás —otra proeza para el Guinness de los Records—, reptar en el vacío o caerse por el agujero como atajo. Probablemente opte por esto, y acabemos irremediablemente estampadas en el piso, con él encima. A los tubos hay que darles con un tubo.

El tubo

Hay otro juego —un poco más decente, pero no mucho— que es un poste metálico, con una parte superior giratoria de la que penden unas cadenas con aros de tubo. Y dale con los tubo. ¿Los que diseñan las plazas tendrán algún curro con los fabricantes de tubos? Los chicos deben agarrarse cada uno de un aro de tubo, correr a toda velocidad en círculo de dos metros de diámetro para darse impulso e intentar girar en círculo volando por el aire, colgados de la cadena. Este juego es otro incordio, porque los más chiquitos quieren hacer lo que hacen los más grandes, con dos consecuencias nefastas: se meten en el camino y son atropellados por los «niños voladores» y lloran media hora porque les falta medio metro para llegar a la altura mínima necesaria. Digo yo, ¿qué costaría hacer un cerco que impida la entrada de los que no llegan al metro de altura? ¿Y qué puede costar hacer un tubito bajito para que los chiquititos no sufran la desgracia de su terrible y extrema juventud? Tiene razón Dalmiro Sáenz cuando afirma que «los bebés lloran tanto porque ser bebés es horrible». Sobre todo cuando los que hacen las plazas jamás se acuerdan de ellos.

El tambor

Sí, estos nombres tienen los sofisticados juegos de plaza que gozan los niños. ¿Cómo llamar, si no, a un bidón, tambor o barril de petróleo, nafta o aceite, con un asa de metal soldada, que cuelga sujeto por sus extremos con cadenas a cuatro palos clavados en la arena?

El tambor en cuestión se supone que sirve para subirse al mismo y zarandearse de adelante hacia atrás, como quien monta un caballo epiléptico. El problema reside en que el diámetro del tacho es tan grande que los chicos —aun con sus piernas abiertas al máximo— no logran sostenerse, y sus humanidades se bandean al primer intento, hasta acabar —ellos también— estampados en el suelo. La única manera de evitar que se maten es subirse al barril con ellos, y tratar de amenizar el tema repitiendo frases tan divertidas como: «Un... dos... uno... dos... ico, ico, el caballito», hasta que el chico se aburra tanto como una y decida probar suerte con otra cosa, porque sentarse en el cordón de la vereda es mil veces más entretenido.

Así y todo, la pobreza extrema de los juegos hace que los chicos se peleen por el tambor. ¿Y qué van a hacer, si el resto también es un aburrimiento? Claro que todo eso sucede si el tambor está en condiciones. Cosa que no pasa casi nunca: suele estar con las cadenas rotas, perpetuamente depositado en la arena sucia (o tierra arenosa) de las plazas, pensadas más en el desahogo cloacal de los perritos urbanos que en el desahogo de energías contenidas de los chicos de departamento.

Lo mejor de las plazas siguen siendo las palomas. Los chicos no gastarán muchas energías mirándolas, pero dentro de unos años el país se va a llenar de ornitólogos que tuvieron infancias llenas de plazas con juegos rotos —que nadie se molesta en arreglar porque los chicos todavía no votan— y que terminaban observando palomas hambrientas como toda actividad recreativa.

¿Por qué volvemos a la plaza?

Cada vez que una vuelve exhausta de un paseo así, se dice: «¡Ahora me acuerdo por qué casi nunca vamos a la plaza!». Y es porque la aparente «salida de placer», en cuanto pisamos el suelo de la plaza se convierte en sufrimiento, tensión y estrés.

Pero sucede algo muy extraño: a pesar de que estamos convencidas de que en uno o dos meses sin salir de casa nada pudo haber cambiado para mejor en la plaza, llega un día en que estamos absolutamente hartas de estar encerradas y acariciamos la idea de visitar los toboganes.

Después de acomodar muebles que los chicos movieron, levantar jarrones rotos que tiraron al suelo y de despegar de la alfombra chicles enganchados e incrustaciones de milanesa a la napolitana, nos agarra a nosotras mismas un intenso deseo de regresar al útero, o de huir adonde sea. Y eso nos hace capaces de animarnos a ir a la plaza con las bicicletas. En cada esquina tenemos que subir y bajar dos bicicletas de las aceras para cruzar la calle, darles empujones para que anden y sacarlas de los baches de las aceras estropeadas, evitar que los chicos bajen a la calle solos, vigilar que no los atropelle un coche, cuidar que no pisen a una ancianita, que no rompan los vidrios al caer sobre el escaparate de un negocio y que no se insulten a gritos si uno se le cruzó al otro y lo hizo caer.

Entonces, agotada a sólo dos manzanas de casa, una piensa: «Ahora me acuerdo por qué nunca vamos a la plaza y jamás sacamos las bicicletas».

Y como Sísifo, vuelve a cargar su propia piedra cientos y cientos de veces, repitiendo la misma tortura. Ya lo dijo Platón: de todos los animales, el niño es el más inmanejable. Y de todos los destinos infantiles, la plaza es el peor. ¡Pero no hay otros destinos infantiles!

Así que volvemos al cadalso de los columpios y los tubos oxidados.

Lo que nos ayuda a las madres a seguir adelante es que tenemos mucha paciencia y muy poca memoria.

Y los chicos se aprovechan de eso.

TRUCOS, TÁCTICAS Y ESTRATEGIAS EDUCATIVAS

El mejor escondite
El mejor lugar para esconder algo que un niño tenga que usar para hacer algo por sí mismo es delante de sus narices:

—Mamá, dame un vaso.

—Ahí lo tienes.

—No tengo.

—Lo puse en la mesa.

—No lo veo.

—Está delante de tus narices.

—No hay nada.

—¿Y esto qué es?

—¡Ah! ¡Un vaso!

Mimos instantáneos
La única manera de lograr que un hijo te abrace con fervor es acabar de pintarte las uñas:

—Mamá... ¡Qué buena que eres! ¡Chuic, chuic!

—¡NO ME TOQUES!

Cómo unir a los hermanos
El único modo en que tres hijos se pongan por primera vez de acuerdo sin agarrarse de los pelos y jueguen de una forma organizada, es decirles que estás a punto de recibir una llamada importante de la cual depende tu puesto de trabajo.

—¿Os vais a portar bien, no vais a meter al gato en el horno, ni ahogar al hermanito, ni probar el filo de un cuchillo en el ojo de la hermana?

—Sí, mamá. Digo... no, mamá.

—¿No os vais a pelear mientras dure la llamada importante?

—No, mamá.

Suena el teléfono e instantáneamente los críos se ponen de acuerdo para producir los mejores gritos, las mayores risas y el más supremo de los escándalos.

Y lo que escucha nuestro jefe actual o futuro es:

—Estoy de acuerdo con que ¡AHHHHH! Nos reunimos mañana por la tard ¡BANG, BANG, BANG, TE MATÉ! en su oficin ¡GRRRR, SOY EL TERRIBLE MONSTR...! y ahí coordinamos cómo vamos a conseguir los document ¡PUM, PUM, JA, JA, JA! para que todo esté listo la semana próx ¡PIEDRA LIBRE!, a tiempo ¡WAAAHHHH! ¡TE TIRÉ UN ASTEROIDE! lo ordeno en una carpeta y se lo envío ¡SUÉLTAME! ¡MAMÁAAA! en breve, si le parece bien.

Claro que el resultado después de esta charla es que nuestro jefe actual se convierte en un ex jefe, y el jefe futuro se convierte en un recuerdo de alguien con quien no llegamos a tener más trato que una caótica charla telefónica en el camino de los Monstruos Atrapadores Galácticos.

—¡Ahora mismo os vais a dormir sin comer!

—¿Por qué?

—¡Os pedí que os portarais bien durante la llamada y gritaron todo el tiempo!

—¡Pero nos pediste que no nos peleáramos, y no nos peleamos ni un ratito!

—¡Sí, vosotros sólo sabéis poneros de acuerdo para volverme loca!

Cómo evitar lavar los platos

Supongamos que llegas a casa del trabajo en uno de esos días que jamás deberían haber comenzado y que quisieras olvidar cuanto antes. Digamos que te peleaste con el jefe de sección, que entre dos colegas te robaron una idea, que un cliente tuyo se quejó de ti, que se te rompió el disco duro de tu ordenador y el tacón de un zapato y que se te secaron las plantas del jardín. Llegas a casa y descubres que en todo el día los chicos no hicieron caso de sus tareas escolares, que rompieron tu lámpara favorita y que en un cumpleaños el menor dejó su aparato de ortodoncia envuelto en una servilleta de papel junto a su trozo de tarta mordida, que por casualidad fue a parar a la basura, de donde nadie pudo recuperarlo.

Cuando tú llegas, la canguro huye como si supiera que la Royal Air Force está a punto de bombardear tu casa. Y ves con disgusto que ni siquiera tuvo la delicadeza de dejar unas patatas hirviendo para calmar el hambre de tus retoños.

¿Se supone que, encima, te tienes que poner a cocinar?

NO. Soy humana, no la Mujer Maravilla. Y estás extenuada.

Entonces propones una deliciosa y sana cena de huevos duros.

—¡Puaj, qué asco! ¿No hay otra cosa? —dicen todos a coro.

Miras la nevera y sólo descubres un resto de puré de calabacín, un par de hamburguesas y dos lonchas de jamón de color ligeramente amarronado.

—¡No quiero! ¡Eso es lo que ya comimos al mediodía!

—Entonces, huevos y manzanas.

—¡Yo no como!

—¡Yo tampoco!

Fantástico: los tres están robustos y fuertes y no van a morir de inanición si no cenan un día. Además, probablemente aprovecharon tu ausencia laboral para bajarse por la tarde, como siempre, dos paquetes de medio kilo de galletitas dulces de esas que están ultraprohibidas cuando estás en casa, porque su aporte de proteínas y vitaminas a la dieta es cero.

Al rato vuelven diciendo:

—Tengo hambre.

—De acuerdo: ¿Alguien quiere puré de calabacín recalentado?

—No.

—¿Alguien quiere hamburguesas al microondas... o las tiro ya? Se miran entre ellos. Descubren que la propuesta es seria, no pura retórica negociable.

—Mmmm... ¿Hay mayonesa? —pregunta el mayor.

—Sí.

—Bueno... Yo quiero la hamburguesa.

—Yo también —dice el menor— ...y me como el puré.

—¿Cuántos huevos duros hago?

—Tres —dice la del medio.

Mañana será otro día, y tal vez la energía ahorrada hoy nos permita hacer ñoquis caseros con salsa bolognesa.

Pero hoy no me pidan nada más. Una madre tiene su límite culinario. Y créanme que afirmar nuestro derecho a estar muertas de cansancio ayuda a que los hijos descubran en instantes cómo se usa un abrelatas con éxito.

¿ES IMPRESCINDIBLE TENER MASCOTAS?

Un día escuché a mis hijos hablar con unos compañeritos a la salida de la escuela. El diálogo fue el siguiente:

Otros chicos: —¿Vosotros tenéis algún animal en vuestra casa?

Mis hijos: —Sí, tenemos animales en casa.

Otros chicos: —¿Gato, perro o pajarito?

Mis hijos: —No, eso no. Tenemos cucarachas.

Me quedé helada de espanto y tuve que aclarar en el acto que no teníamos una mascota por el momento, pero que pronto solucionaríamos tan irregular situación.

Decidida a que mis hijos no tuvieran que repetir jamás tan humillante respuesta, le pregunté a una amiga que es veterinaria cuál le parecía la mascota más conveniente para adoptar.

—Mira —me dijo— tienes varias opciones: perros grandes, perros chicos, gatos...

—Empecemos por los perros —le dije—. ¿Cuál es el perro más adecuado?

—Hay perros de raza y perros mestizos —me dijo—. Los perros de raza necesitan muchos cuidados porque son más propensos a enfermarse ya que, como los cruzan entre ellos, tienen mucha consanguinidad y enfermedades genéticas. Los perros de pelo largo viven juntando pulgas y los tienes que pelar si no quieres tener a toda la familia rascándose. Hay que sacarlos a pasear todos los días, porque si no, se ponen nerviosos y muerden. Hay que acordarse de vacunarlos, darles una dieta equilibrada con carne y frutas, y si es hembra darle píldoras para cortar el celo, porque si no, sufren embarazos psicológicos que les producen dolorosísimas inflamaciones en las mamas que terminan con intervenciones quirúrgicas...

—¡Basta! —le dije—. No pienso tener un perro. ¿Qué tal es tener un gato?

—Bueno... A los gatos hay que vacunarlos, darles una dieta con muchas grasas y nada de bofe que no alimenta, ya que es puro tejido conectivo. Hay que darles manteca, sardinas, jamón y dulce de leche, que les hace bien al hígado. Los machos son muy territoriales y te mean todo para marcar su zona. Las hembras suelen llenarte la casa de gatitos, por lo que hay que esterilizarlas cuanto antes. Pero una vez esterilizadas, son menos afectuosas y se te pueden ir de casa para no volver. Los gatos blancos son propensos al cáncer de piel, por lo que hay que cubrirles el hocico y las orejas con pantalla solar para que el sol no les produzca epiteliomas malignos. También juntan pulgas y hacen unas dermatitis terribles, o se enferman de sarna. Su piel es muy sensible. Necesitan afilarse las uñas, para lo cual generalmente te usan los muebles. Tienes que tener cuidado con no tocar el lugar donde hacen sus necesidades, porque transmiten toxoplasmosis, una enfermedad que afecta de manera horrible a los bebés de las mujeres embarazadas. Si no tienen agua fresca cerca, sufren de los riñones. A los machos hay que castrarlos si no quieres que reciban horribles heridas por peleas con los otros gatos machos...

¿Es imprescindible tener mascotas?

BICHITOS DE BOLSILLO

A esta altura de la conversación, le tuve que preguntar:

—¿No hay algún bicho que se cuide solo, que no enferme a nadie ni tenga problemas de salud?

—Sí —me dijo, pensativa—. Puedes optar por un hámster o un conejito de indias. Lo único que tienes que tener en cuenta es que hay que conseguir siempre serrín limpio para ponerles en la jaulita, porque si no, apestan. Además son muy sensibles a los cambios de temperatura, tienes que protegerlos del calor y del frío. A veces, si están solos se mueren de tristeza. Pero si compras dos tienes que tener en cuenta que si son dos machos, se atacan de muerte uno al otro y practican canibalismo. Si se trata de un macho y una hembra, éste la dejará siempre embarazada y pueden tener hasta cinco crías por mes, así que te llenas de ratones...

—¿Y si compro una cotorrita? —le dije, olvidando los mamíferos.

—Los que las venden son traficantes ilegales de fauna silvestre. Además, transmiten una enfermedad llamada psitacosis, que es mortal para el hombre.

—¿Y un canario? —dije, suspirando.

—Son caros y muy sucios. Puedes comprar un conejito, que son hermosos y sólo comen algo de lechuga, fruta y pan. Pero ensucian todo de pelotitas negras y cuando crecen te arruinan el jardín haciendo pozos por todas partes hasta que logran escapar a la calle o al jardín del vecino. Y conozco un caso de un conejo que se tiró desde el balcón y se quedó hecho puré.

—¿Y qué puedo tener, entonces?

—Las tortugas son bichos mansos, comen poco, no molestan ni hacen ruido. Pero si no tienes jardín, no te conviene. Porque si la hembra no encuentra tierra donde poner los huevos, los retiene dentro, se le calcifican y hay que operarla por retención ovaria, porque si no, se muere.

—¿Se le hace una cesárea a la tortuga? —dije, sin poder creerlo.

—Sí: Se les serrucha el caparazón, se le sacan los huevos y se le pega la panza con Pegamento Ymedio. A veces el animal no resiste la operación y muere.

Me exprimí el cerebro tratando de imaginar qué otra rama faunística me faltaba mencionar:

—¿Y qué pasa con los pececitos dorados?

—Necesitas una buena pecera. Pueden durarte un buen tiempo si compras peces de agua fría, le pones anticloro al agua previamente a climatizarla una hora a temperatura ambiente, le pones funguicida, compras un aireador, un dispersor, un fondo de piedras, la mantienes siempre limpia, y les das comida balanceada especial para peces. Si les ves manchas raras por el cuerpo, los tienes que tratar con antibiótico. Porque si los demás peces ven que está enfermo, lo empiezan a mordisquear hasta matarlo...

Suspiré resignada y le dije:

—La verdad, no veo que exista una mascota adecuada para mí. Quiero algo autolimpiante y que no dé demasiado trabajo.

Mi amiga se quedó pensando.

—¿Dijiste que tienes cucarachas? Ya sé lo que necesitas como mascota: un lindo sapo verde. Te patrulla la casa entera y se come hasta la última cucaracha. El único cuidado que tienes que tener con él es no pisarlo.

UN PRÍNCIPE VERDE Y GORDO

Al día siguiente mi amiga, la veterinaria, apareció en casa con un sapo gordo y verde dentro de una cajita. Lo soltó en medio del salón, para regocijo de mis chicos, que estaban tontos siguiéndolo por todas partes. Desde entonces, me lo pasé pegando saltos cada vez que algo se movía en el suelo, muerta de miedo de pisar su verrugoso cuerpo.

El sapo se encargaba de que yo desalojara inmediatamente la habitación que él invadía y yo me pasaba el día revisando por dentro los zapatos antes de ponérmelos. Eso sí: desaparecieron las cucarachas. Lejos de alegrarme por la efectividad del sapo, resolví meterlo otra vez en la cajita y llevárselo a mi amiga.

—¿Y? ¿Qué tal se portó?

—Divino... Calladito... ¡Una monada! —le dije.

—¿Se comió las cucarachas?

—Sí, y por eso te lo devuelvo: tengo miedo de que cuando no quede ninguna muera de inanición y yo me tropiece con su gordo y verde cadáver.

La cuestión es que se lo dejé ahí, prohibiéndoles a los chicos que le dieran un beso de despedida, aunque mi hija (que leyó muchos cuentos de hadas) juraba que el come bichos tal vez era un príncipe hechizado.

PLUMÍFERO CON UN MAL FINAL

Los chicos se pasaron un mes protestando porque éramos los únicos del barrio que no teníamos una mascota, lo que un tío resolvió trayendo un precioso patito a casa. A la semana, los chicos pusieron al patito en un balde, seguros de que sabría nadar a la perfección. El pato empapado se fue a pique dentro del agua y no paró hasta tocar el fondo. Lo salvamos haciéndole respiración «boca a pico», secándolo con toallas calentitas y con el secador de pelo.

En la segunda prueba olímpica de natación, los chicos olvidaron al pato pseudoacuático pataleando desesperado dentro de una bañerita de lona. Cuando se acordaron de que lo habían dejado ahí, el patito flotaba inerte: ya estaba tocando el arpa en el cielo de los patos.

Después de secar una profusión de lágrimas infantiles y aplacar los autorreproches —«¿Por qué no le pusimos salvavidas?»— tuvimos que decidir qué hacer con el cuerpo.

Hubo un total de cuatro votos: un voto a favor de venderlo al restaurante chino de la esquina, un voto sugiriendo donárselo como almuerzo al gato de la vecina y dos votos por la moción de darle cristiana sepultura en el césped del parque.

Como el hecho de ser mujer me impide tener la fuerza suficiente para hacer un pozo en la tierra de más de un centímetro de profundidad, los convencí de que el camión recolector de basura tenía un servicio fúnebre especial para mascotas, que separa los cadáveres de patos del resto de los residuos y los lleva a un cementerio especial del cinturón ecológico, donde el pato no tarda en convertirse en fertilizante de altísimos árboles de flores perfumadas.

—¿Y cómo se llama ese lugar?

—*Patos en la gloria* —mentí alevosamente.

De todos modos, esto no bastó para que se resignaran a despedirse definitivamente del pato. Entonces tuve que tenerlo en la nevera para que lo fueran a ver varias veces por día y —mientras lo miraban fijamente—, hicieran el mismo tipo de comentarios que se escucha en el más serio de los velatorios:

—Era tan bonito...

—Y tan bueno...

—¿Te acuerdas cuando se escapó del cajón y corrimos para agarrarlo?

—Sí... Qué suerte que le sacamos una foto para acordarnos de él.

—Yo nunca lo voy a olvidar.

Hasta uno de los chicos insistió en retratarlo con lápices, con el resultado de un estremecedor retrato que hasta refleja el *rigor mortis* del pato que estiró la pata.

—Mamá, ¿qué te parece si mejor no lo sacamos de la nevera y nos quedamos con el pato? —me dijo mi hijo de cinco años.

En ese momento decidí poner punto final al velorio y embolsar el palmípedo antes de que los chicos decidieran embalsamarlo.

CUESTIÓN DE ESCAMAS

Luego de pasar el luto del pato, los chicos insistieron en volver a tener una mascota. Entonces compré algo que jamás pudiera ahogarse en el agua: un pececito. Un día, el más chico de mis hijos casi lo mata llenándole la pecera de cacao «porque tenía hambre». Al pez que sobrevivió al agua chocolatada lo bautizamos Highlander, el Guerrero Inmortal. Pero el desagradecido despreció la vida y se suicidó saltando por encima de la pecera hasta caer en el escurridor de platos. Decidí acelerar el sepelio y lo tiré al inodoro sin más trámites para no tener que estar explicando historias falsas de supuestos cementerios de peces tipo *Fish Memorial*.

Al día siguiente les compré a los chicos un hermoso osito de peluche, que es, sin duda alguna, la mascota ideal. Cuando tienen ganas de ver animales, los llevo al zoológico, donde a los bichos los cuida otro. Mis hijos ya asumieron que lo de tener animales en casa no es para nosotros. Hasta los Tamagotchi se nos murieron uno tras otro, y se resistieron a resucitar aunque les cambiamos las pilas. En casa ya estamos todos resignados. Cuando a uno de mis hijos alguien le pregunta por sus supuestas vocaciones laborales diciendo:

—¿Y tú qué vas a hacer cuando seas grande?

Ellos responden:

—Voy a tener un perro.

Me parece bárbaro.

LO QUE ENSEÑAN LAS MADRES

Lógica
«Mira que si te subes a la cajonera, y te caes de ahí y te rompes el cráneo, no vas a poder acompañarme al supermercado.»

Medicina
«Si sigues torciendo así los ojos, vas a quedar bizco para siempre.»

Orientación vocacional
«Si no te aprendes de memoria la tabla del tres, cuando seas mayor sólo vas a poder trabajar de sereno en un basusero.»

Astrología
«Tauro tenías que ser... ¡cabezón como tu padre!»

Economía
«Si quieres comprarte ese vídeojuego vas a tener que esperar a que se te caigan más dientes y venga el ratoncito Pérez.»

Arqueología
«¿De quién son todas estas uñas cortadas que aparecieron debajo del sillón del salón?»

Reglas de cortesía
«No te limpies la nariz en los pantalones del abuelo.»

Diplomacia
«¡Te voy a matar! Después te explico por qué la señora de atrás es enanita... ¡Ahora cállate la boca!»

Astronomía
«Si no te pones los zapatos a la que cuente tres, te voy a dar una bofetada que vas a ver las estrellas.»

Arquitectura
«¡Bájense ya del techo, que lo pueden hundir!»

Agronomía
«Tienes que hacer caca en el inodoro, no en los pañales, porque las florecitas del mundo necesitan tu caquita para poder crecer lindas y grandes.»

Zoología
«¡Para de poner caras de mono y de saltar como un conejo! ¡Y no seas cerdo!»

Disfrutar de la vida
«Bueno, cómprate el chocolate. Pero cuando vayas al quiosco de la esquina no pises el cable tirado en la acera que si es eléctrico te puede electrocutar. No bajes a la calle no sea que te atropelle un coche. No corras por el piso que el suelo está mojado y si patinas te rompes la cabeza. Y ponte la cazadora, así no coges una pulmonía.»

Confianza
«Bueno, anda. Pero no le hables a nadie, no contestes a extraños que te llamen y no aceptes caramelos de desconocidos. La calle está llena de gente malísima que disfruta maltratando chicos, y te puede secuestrar, llevarte a otro país y cambiarte el nombre, y entonces no te vamos a ver nunca más.»

Linajes reales
«¿Por qué no puedes volver a sentarte como un principito inglés y portarte como un duque todos los días?»

Sentido cívico
«No tires la lata de coca-cola en la calle, que se ve. Déjala donde no se vea.»

El valor de la verdad
«Atiende el teléfono y si es una voz de hombre, dile que no estoy.»

Parapsicología
«Ponte un jersey ya mismo, que tengo frío.»

Telekinesis
«Te metes ahora mismo en la ducha o te mando al baño de una bofetada que te va a hacer rebotar en el techo.»

Sentido del humor
«Espero que después de que te hayas cortado los dedos de los pies con esa máquina de cortar hierba no vengas corriendo a pedirme que te cure.»

Madurez
«Si no comes la verdura te vas a quedar enano para siempre.»

Genética
«Eres igual que tu padre.»

Sexo
«Las mujeres tiene una semillita y los hombres otra... y... Cuando seas más grande te explico.»

Aprender del ejemplo
«¡Copia las cosas buenas mías, no las peores!»

El paso del tiempo
«Cuando tengas mi edad, vas a entender por qué.»

Paciencia
«Ya vas a ver cuando venga tu padre.»

Esperanza
«Te lo voy a dar cuando lleguemos a casa.»

Comprensión
«No te voy a dar ahora el rompecabezas. Está metido en algún estante por ahí arriba, no sé bien dónde lo puse, tendría que subirme a una silla y revisar todo y ahora estoy muy cansada.»

Justicia
«No te lo doy porque no me da la gana y basta.»

Equidad
«Vosotros tres sois igual de tontos.»

Higiene
«Si no te lavas las manos antes de comer, vas a comer caca de paloma que se te pegó con la arena de la plaza.»

DEL JARDÍN AL COLEGIO: CÓMO CIVILIZAR A UN HIJO EN TRES SIMPLES CICLOS

Un hijo no es del todo un ciudadano inserto en la sociedad hasta que no termina de cumplir cada una de las tres etapas educativas que la misma sociedad impone y que lo convierte en un ser preparado para enfrentarse al futuro.

Esto no se hace solo, ni de la noche a la mañana, y una madre tiene que dedicar gran parte de su vida a seguir de cerca cada una de estas etapas.

Cada vez que veo una madre con un chiquito que camina con pañales suspirando y diciendo: «En cuanto cumpla dos años lo meto en el jardín, porque ya no doy más de andar detrás de él», le comento:

—No digas eso. Tú no te das cuenta de lo feliz que eres mientras no tengas que llevarlo a ningún lado en un horario fijo.

Porque lo peor de cada una de estas etapas, lo más duro, lo mas difícil de cumplir es no llegar tarde (a la guardería, a la escuela, al colegio, a la facultad, al trabajo, etc.).

Ya sabemos que los chicos son seres que no conocen nada de horarios. Podemos estar amenazándolos de muerte, con las llaves del coche en la mano, paradas en la puerta, que ellos —si están entretenidos mirando una hormiga en el suelo— no van a caminar. Los chicos no quieren saber nada de las prisas. ¿Y quién se come las broncas del profesorado de la escuela por haber llegado tarde?

Obviamente, la culpa la tiene la madre, que no levantó al nene a las cinco de la mañana para que tuviera tiempo de mirar la hormiga para poder llegar puntualmente a la escuela.

LA GUARDERÍA

Empezar a llevar un chiquito a la guardería implica vivir una primera etapa que se llama periodo de adaptación, en la cual el tiempo de permanencia del nene en la escuela es más que el que justifica que la madre se quede esperando en el patio, pero mucho menos que el que permita que la madre se acerque a su casa y vuelva a buscarlo.

Por esta razón, las madres se quedan esperando en el patio, sabiendo que con eso pierden vitales minutos y pensando sólo en la cantidad de ropa que tienen para planchar, y que aún no pudieron pasar por el supermercado a comprar la leche.

Al fin, nunca me quedó claro si el periodo de adaptación es para el nene, para una o para las maestras. No es casual que los chicos que le tienen terror a entrar solos a la clase son los mismos cuyas madres lloran angustiadas al verlos entrar en la guardería saludando con sus manitas. Que son las mismas que llorarán a mares en el casamiento del mismo nene. Yo lo que quería era dejar a mi hijo el tiempo completo lo antes posible.

Al segundo día de la guardería le dije a la maestra:

—Mi hijo es capaz de irse a caminar por la Muralla China sin mí. Además se queda a dormir en casa de cualquiera y llora cuando lo paso a buscar por casa de la abuela. ¿No podemos obviar lo del periodo de adaptación, y lo dejo el turno completo?

—¡No! —me respondió, tajante.

Ahí me quedó todo claro: el periodo de adaptación existe para que las maestras puedan adaptarse a la nueva carnada de diablillos y al nuevo año lectivo. Después de todo, tienen alumnos a los que hay que cambiarles los pantalones mojados con pipí o pañales cagados. Yo también, en el lugar de ellas, extendería el periodo de adaptación hasta noviembre, si fuera posible.

Bombones de arena y dulce de leche

¿De qué sirve la guardería?

A ver si puedo resumirlo con pocas palabras. La guardería es un lugar donde los chicos se agrupan por colores: sala Rosa, sala Verde, sala

Naranja y sala Coral (y no me pregunten qué color es ése), y los chiquitos asumen muy campantes que uno de ellos es rosa, otro verde y otro coral. Primera gran conclusión: ninguna de estas salas responde al nombre adjudicado, y todas están pintadas de color gris consorcio o amarillento grasa. Pero no existe ninguna sala Gris.

Una de las cosas para las que debería servir la guardería es para enseñarle a los chicos los colores. Como vemos, todo arranca bastante mal. Hubiera sido mejor que a las salas les pongan nombres de provincias, o de equipos de fútbol, y la confusión se atenuaría.

—Mamá, ¿por qué dicen que estoy en sala Celeste si en mi sala no hay nada celeste?

—Ni idea, mi amor.

Paralelamente, sucede que habitualmente la guardería no tiene jardín. Ni aunque busquemos con lupa encontramos un metro cuadrado de césped que justifique ese nombre. Obviamente, si había un espacio abierto, lo convirtieron en «plaza seca» o patio de cemento, semejante al que se ve en las películas policiales donde el protagonista aparece en Alcatraz o San Quintín. El centro neurálgico de este patio es el arenero, lugar destinado a que los chicos se llenen de arena todos los huecos de su anatomía y su vestimenta.

Cuando yo busqué una guardería, me encontré con que la inmensa mayoría ofrecía «huerto, granja, profesora de inglés», como argumento para cobrarme cuotas que equivalían a un año y medio de cooperadora en una guardería estatal. Qué chasco: llamaban «huerto» a una maceta con un geranio seco. Le decían «granja» a una pecera con un aburrido pececito dorado y a otra pecera con una tortuguita de tierra. Y el inglés era por la maestra, a la que había que decirle «Misis» Maripili porque una vez por mes se acordaba de saludar a los chicos diciéndoles «Gud Mórning».

«Las maestras de la guardería tienen una obsesión enfermiza con las tijeras», me contaba una psicopedagoga amiga que trabaja en varias escuelas. «Se pasan la vida cortando miles de orejitas, miles de hociquitos, cientos de moñitos, ojitos, colitas y bigotitos, para armar miles de conejitos en cartulina para entregar a los chicos en Pascua, patitos para repartir en primavera, muñecos de nieve para repartir en invierno, y payasitos para entregar cualquier día...»

Apenas los pasamos a buscar por la guardería, nuestros hijos nos entregan el conejo o el payaso de cartulina o de paño en cuestión diciendo: «Toma, mamá: no lo tires». Y ahí vamos las madres a casa acumulando ositos, patitos, conejitos y perritos trabajosamente elaborados por generaciones de maestras que se sienten más a gusto recortando narices que sonando las verdaderas narices de los nenes que están moqueando aburridos en su aula. Yo acabo tirando todo eso sin miramientos. El problema se plantea cuando los chicos vienen a casa mostrándonos un almanaque de madera pintada con plasticola de color con una mezcolanza de arroz, lentejas y polenta encima que hicieron con sus propias manitas. «Toma, mamá: no lo tires», repiten. Y nunca lo podemos tirar por dos motivos: lo hicieron ellos, y si lo llegan a ver en la basura nos matan.

La cuestión es que la guardería es un lugar donde los chicos aprenden canciones que hablan de animales, aprenden a compartir las cosas —descubriendo por primera vez que ellos no son el centro del mundo—, aprenden a hacer pegajosas pelotas de dulce de leche y coco rallado, aprenden los primeros golpes y aguantan sin chistar que les tiren arena en los ojos y que les pinche un alfiler dentro del traje de conejo que tuvimos que terminar en tres noches sin dormir para que esté listo para el carnaval (¿el carnaval de los conejos de angora, será?).

Una sería feliz con que la guardería sirviera para que el chico aprendiera a pedir ir al baño antes de estar a punto de hacérselo encima, a atarse las zapatillas, o a comer un pan con mermelada sin mancharse desde los pelos hasta las uñas de los pies.

Pero mira tú qué lástima: justo eso no lo enseñan.

BLANCAS PALOMITAS

Luego llega la etapa en que tenemos que mandarlo a la escuela primaria. La elección de a qué escuela no es fácil: puede ser laica y mixta, religiosa y de varones, alemana y de monjas, italiana con orientación científica, hebrea y mixta con orientación deportiva, religiosa y *new age*, etc.

Cuando mi hijo estaba en sala Coral (no, nunca supe por qué ese nombre habiendo tantos colores) me recorrí todas las escuelas para saber cuál me convenía.

Tenía las de nombre de santo inglés o mártir irlandesa, que son muy elegantes, pero su precio también es elegante. Encima, una de las materias era catequesis... y yo no soy agnóstica, pero no me entusiasma pagar una cuota para que alguien le explique a mi hijo cómo se categorizan los pecados y qué hacen los ángeles en sus ratos libres.

Averigüé en las escuelas bilingües y extranjeras que dan un título de primaria que es el mismo que emiten en Hamburgo, Marsella, Roma o Denver, Colorado. Me pareció de mal agüero: ¿Por qué querría yo que mi hijo de seis años empezara la primaria pensando que quiero que se vaya pronto a vivir a Hamburgo, Marsella, Roma o Denver, Colorado? Seré una madre posesiva, pero yo (todavía) lo quiero algunos años cerca de mí. Y tampoco conozco de neurocirujanos o ingenieros nucleares que hayan conseguido trabajo en París o New York sólo diciendo: «Hice la primaria en una escuela francesa» o «Le aseguro que mi diploma de la escuela primaria es 100 % norteamericano».

Después me metí en uno con orientación pedagógica avanzada llamado «Tercer Milenio-Educación Intergaláctica», donde el director llevaba sahumerios dentro de la barba que le arrastraba por el suelo y yo escuchaba alarmantes ruidos de sillas arrojadas contra las ventanas del establecimiento educativo, mientras el hombre que usaba sandalias artesanales de cuero decía: «Ante todo, priorizamos la libertad».

Yo ya sabía por una amiga que la escuela que prioriza la libertad te devuelve chicos alborotados a los que hay que atar al llegar a casa. ¿Por qué tiene que ser la madre la que hace el trabajo sucio? Yo prefiero una escuela que no los deje ni hablar y los tenga quietecitos y calladitos a punta de látigo, para que quien les dé libertad y los mime sea la madre, y no una maestra con aros en la oreja y en el ombligo.

Después me fui a una religiosa donde me dijeron —«Si el chico no quiere, no va a catequesis»—, casi lo matriculo si no fuera porque justo a tiempo leí en un corcho en la pared de la secretaría: «Bienvenidos al Work Shop Chamánico para Padres».

—¿Y eso? —pregunté.

—Ah, sí: cada tanto hacemos unos «work shop» vivenciales donde un chamán hace fantasías dirigidas para unir a los padres de los alumnos...

—Muchas gracias, no los necesito: yo ya sé dirigir sola mis fantasías hacia George Clooney.

Y me fui a una escuela estatal que me dio la bienvenida con un fragmento de piedra de 1902 cayéndose directamente del portal de entrada a un metro delante de mí, justo como para que no me partiera la cabeza.

—Y sí... el edificio está un poco descuidado, pero todos ponemos el hombro para sacarlo adelante. Unas mamás hicieron con tela de oferta las cortinas para las aulas —me dijo la secretaria, mostrándome horrorosas cortinas con un motivo de cocina fúnebre: tazitas y platitos de barro para los niños—. Un papá hizo estantes, y otro enseña guitarra gratis...

Me dieron ganas de darle limosna. Pero ella seguía entusiasmadísima:

—Tenemos torneos de ajedrez, natación en un campo municipal, y teníamos hasta hace poco clases de folclore, pero la profesora fue asaltada al salir de la escuela, así que estamos esperando que se reponga...

Me enterneció totalmente. Me estaba vendiendo la escuela como si fuera a cobrarme una educación con título homologado en Singapur... ¡y era gratis!

Esta escuela me encantó sólo por el hecho de que al salir de ahí NO se me cayó en la cabeza otro pedazo de piedra.

Entonces fui a casa a hacer cuentas. Verdulería... tintorería... ortodoncia... plantillas... mutua, luz, gas, seguro del coche, taller mecánico... sumo dos, me llevo uno... Las cuentas no dan para llevar a un chico a ninguna escuela privada. Calculando que estaba a punto de divorciarme, menos que menos. Por otro lado, una amiga me había dicho: «Ojo con las escuelas privadas, porque aprueban hasta los que nos saben nada de nada, con tal de conservar a los clientes». Y otra me había dicho: «Ojo con las escuelas caras porque en la bolsa de cumpleaños de tu hijo tienes que poner un Rolex en vez de caramelos. Y si no contratas un servicio de catering del que pide la gente de la zona alta, lo tienes claro». Imposible competir con ello. Así que borré de la lista a todos los colegios que empezaban por «Saint».

Y me decidí por lo que tendría que haber pensando desde el primer momento. Porque la mejor escuela no es la que brinda la mejor educación y los mejores talleres extraprogramáticos, sino la que queda más cerca. Estatal y cercana, ésa es la combinación ideal.

Dependiendo del despertador

Después pensé: ¿Mejor medio turno o turno completo?

Turno completo te saca a los hijos de encima de 8 a 16 horas. Pero hay que andar pensando dónde van a almorzar. A un chico de 6 años no le puedes dar una fiambrera sin que se la olvide todos lo días. Tampoco lo puedes dejar comiendo sólito, cuando todos van a sus casas. ¿Cuatro viajes a la escuela por día? ¿No es mucho pedir para una madre que trabaja? Hice los cálculos pensando en un transporte escolar, y el transporte me salía más caro que mandar a los chicos a estudiar a Cambridge, Eton o Harvard. Y tengo primos chicos que perdieron su infancia, porque nunca había tiempo para jugar en casa, ya que llegaban, tenían que estudiar, irse a dormir y al día siguiente, otro día encerrados en la escuela.

Opté entonces por el medio turno, con opción a ampliarlo si mis hijos empezaban a tener síntomas típicos de inadaptados sociales, como pegarle a la madre.

Medio turno, vale, pero, ¿qué turno?

«Los chicos del turno de mañana son siempre más capaces y despiertos. Es el turno que anda bien. Cualquier maestra te lo dice», me dijo mi amiga psicopedagoga. «Por la mañana los chicos tienen las neuronas despiertas, y no están con la modorra típica que tienen los de la tarde, que entran con el churrasco en el esófago. Además, los de la mañana son los que tienen que viajar menos hasta la escuela, y por eso son de otro estrato social. Los que tienen que tomarse un tren desde la otra punta para venir a la escuela, están más cansados y vagos. Mándalos al turno de mañana, los estás preparando para un largo futuro en el que van a tener que usar siempre el despertador para crecer en la vida». Tenía toda la razón del mundo, así que probé por un año. Un año que jamás olvidaré: fue una tortura infernal. Me resultaba particularmente odioso tener que congelarme al despertar a mis hijos en invierno, cuando aún era de noche y en la sala de la casa se veía el humito de mi aliento. No había manera de lograr que los chico salieran de la cama sin coacciones, gritos, violencia, arrancarles las almohadas, tirarles las colchas al suelo, tirarlos a ellos al suelo y arrastrarlos hasta la cocina para que tomaran un vaso de leche que se les caía encima porque no coordinaban los movimientos. Y esto pasaba aunque hubieran dormido doce horas. Probé llevándolos a pie y tiritaba viendo la escarcha en los tejados. Probé con autobús, y me peleaba todos los días con el chófer que despertaba a todos los vecinos con sus bocinazos y se enojaba porque mis hijos no salían, o salían llorando y le inundaban el habitáculo.

Probé llevarlos en coche, pero a esa hora la calle está tan llena de gente llevando chicos a la escuela que tenía que estacionar cada vez más lejos, hasta que la última vez encontré un lugar que estaba siempre vacío, donde podía aparcar para que los chicos bajaran: era la puerta de mi casa.

Como mi idea de la maternidad no es vivir sufriendo, y para madrugones ya estaba la mili, que por suerte la sacaron, anoté a todos en un turno de tarde.

Igual hay que gritar para que los chicos se levanten, igual hay que mirar siempre los relojes, van siempre a la escuela con la cara sucia de salsa de tomates y un hilito de banana asomando por la boca (la orden de rigor es «Lávate la cara y cepíllate los dientes antes de ponerte el uniforme», que ellos siempre tratan afanosamente de incumplir). Es cierto que el turno está lleno de vagos, especialmente las maestras, que se mueren de sueño después del plato de ñoquis con estofado. Pero al menos en pleno invierno van caminando por la acera donde da el sol. Y, fundamentalmente, a mí cuatro horas por la tarde me rinden mucho más para trabajar, que cuatro horas por la mañana, que se van en hacer camas, lavar tazas, atender llamados y preparar el almuerzo.

Para estudiar está la secundaria, ¿o no?

Y con respecto a entrenarlos para madrugar, ¿para qué adelantarse al destino? ¿Quién sabe si una no va a tener una hija actriz o un actor cantante de rock que se levante siempre pasado el mediodía? ¿Vamos a ir con el reproche de: te levantas ya, porque yo no me sacrifiqué

CÓMO NO SER UNA MAMÁ IDEAL 133

para nada levantándome a las 7 de la mañana todos los años que estuviste en la escuela primaria?

Mi lema es: «Vivir, dejar vivir y, mientras tanto, dormir todo lo que sea posible».

La tarea de hacer la tarea

No me entró nunca ni me entrará en la cabeza cómo se justifica la manía que tienen las maestras en pedir sádicamente que los chicos recorten palabras con «mp» y «mb» y con «güe» y «güi», sabiendo que de eso se hace cargo la madre, inexorablemente. Los chicos pueden tener delante de sus ojos un cartel de doce metros de alto que dice «pingüino», y no ven ninguna «güi». Tampoco comprendo cómo algún empresario de diseño gráfico no tuvo la idea de ponerse a vender palabras con «güe» y «güi» en los quioscos. Se llenaría de dinero y la madres le haríamos un monumento. ¿Qué aprenden los chicos con este sistema educativo? Aprenden que «Yo voy a la escuela para que mi mamá rompa revistas con una tijera». Otras madres al borde del ataque de nervios atacan las obras de Shakespeare, Onetti y Cortázar y hasta el diccionario con tal de encontrar una palabra que empiece con «ñ» que no sea «ñandú».

Sé de algunas madres que escriben palabras en el ordenador, las imprimen, las recortan y listo, pero ése es un truco caro (requiere la existencia de un ordenata y cartucho de tinta en casa) y además no resulta muy honesto. Al fin, cuando nos matamos encontrando las palabras, el cuaderno viene de vuelta con una nota: «No pintó el dibujo». Resulta que en las escuelas se usan cantidad de fotocopias borrosas donde hay que traducir lo que dice como si fuera la mismísima Piedra de Rosetta. Estas fotocopias vienen con dibujitos ennegrecidos por una fotocopiadora que anda mal. Nadie en su sano juicio pintaría con colores algo que ya está negro. Pero los chicos están obligados a hacerlo: no a dibujar ellos, sino a pintar la fotocopia manchada, que acaban de pegar con demasiada cola en el cuaderno. Así que lo que queda es una pasta de papel mojado y roto, pintado a medias: una página para tirar a la basura.

¿POR QUÉ NO LO CUENTAN EN VOZ ALTA, ASÍ NOS REÍMOS TODOS?

Justo cuando creíamos que habíamos superado exitosamente una etapa que parecía interminable —la de la escuela— viene otra más interminable aún: la escuela secundaria.

Ya sea laica, religiosa, doble turno o turno simple, todas enseñan a los chicos las mismas pautas esenciales:

1) A qué profesor se le puede amordazar en el escritorio y decretar hora libre y de cuál hay que cuidarse apenas se huele su inconfundible loción after shave en los pasillos de la escuela.

2) Qué profesor es incapaz de saber qué alumno le tiró un borrador por la cabeza y cuál tiene ojos en la nuca y sabe de espaldas quién de los chicos está sonriendo.

3) En qué momento exacto hay que empezar a estudiar lo mínimo indispensable para llegar a la nota que evite arruinarse el verano entero estudiando para el examen de septiembre.

4) En qué momento exacto de la semana y del día hay que mostrarle el boletín de notas a los padres para que éstos no los agarren del cuello y les den un sermón de tres horas acerca de las consecuencias de la irresponsabilidad, y del posible futuro laboral que apunta a un destino inexorable de limpiadores de inodoros.

La secundaria es, básicamente, una escuela donde cada alumno aprende cuál es la mejor manera de vivir zafando, zafar jodiendo, jodiendo por joder, no estudiar ni en joda (porque estudiar es jodido), salir de joda y vivir de joda en joda mientras joden a los padres. Hay distintos tipos de zafes adolescentes, siendo el más leve el de taparse la cara para que el profesor no lo llame a recitar la lección (ya que por suerte, no recuerda su nombre) o el de esconderse en la biblioteca, el bar o el quiosco para no entrar a clase después del recreo (hasta que el preceptor lo descubre y lo lleva directo al aula), y siendo el más grave el de la clásica escapada a la plaza o en una hamburguesería, disfrutando el inquietante sabor de lo prohibido: ¡comer patatas fritas y mirar palomas sin que los padres lo sospechen en absoluto!

También hay que evitar que los padres se enteren de que firmaron una nota, de que fumaron en el baño o de que se pasaron toda la clase de educación física haciendo contorsiones para esconderse detrás de una columna del gimnasio o de un arcón de pelotas de básquet (lo que agota mucho más que la misma clase).

Al contrario de lo que nos pasa durante la escuela primaria, cuando los hijos van a la secundaria a una madre se le hace casi imposible llevar el control de lo que tienen que estudiar. Los resultados se verán en el boletín... si es que llegan a tiempo y tenemos un hijo tan vago como para no tomarse el trabajo de falsificar nuestra firma.

Lo que es seguro es que tienen que estudiar toneladas de cosas cada día. Y ellos saben que una sabe eso, y que no vale la pena seguir con el viejo truco de la primaria de «Hoy la señorita no nos puso deberes». Las señoritas de la primaria a veces no daban tarea. Pero en la secundaria, entre once profesores distintos siempre hay uno que pone deberes como para compensar con la de literatura, que siempre falta si fuera hace menos de 15 grados y más de 26 de sensación térmica, o con plástica y música que son puro fastidio, de veras. Aunque algo de estas dos materias les debe quedar, ya que son artistas a la hora de sentarse en su cuarto rodeados de mil libros y carpetas abiertas que fingen leer con interés, con el walkman puesto a todo volumen y con una revista del corazón asomando abierta debajo de la carpeta de física.

Encima son capaces de decirnos que necesitan llamar por teléfono a una compañera para pedirle la ficha de geografía, y a los dos minutos la escuchamos hablando de lo que Sabrina le dijo a Iván delante de Pedro.

A veces nos parte el alma verlos agazapados en su cuarto, dedicando tardes enteras a llenar papelitos, puños, dorsos de manos, muslos, interiores de cartucheras y lomos de libros con fórmulas interminables de álgebra y fórmulas químicas que se mezclan con fechas históricas clave.

—¿Eso es una chuleta? —grita una.

—¡No, mamá! ¡Es un ayuda-memoria! —nos dicen.

Y para mostrarse fuerte una contesta algo así como:

—¡Y yo soy Nerón y te voy a incendiar los compacts si no te pones ya a estudiar en serio!

Una amiga, harta de ver los puños de las camisas y las dobladillos de los pantalones escritos con chuletas, le dijo a su hijo que lo iba a ayudar a estudiar para un examen. Al cabo de una tarde entre libros, el hijo le dijo: «¡Ostras! ¡Si sabía que estudiar era tan fácil, no me hubiera matado todos estos años haciendo chuletas!».

El mayor problema de la escuela es que les enseña cualquier cosa, menos a estudiar. Porque hay técnicas bien específicas para que un concepto se nos grabe en la memoria. Pero ellos sólo conocen las maneras más torcidas para evitar estudiar en un examen. ¿Estudiar de memoria? ¿Quién no lo hizo? Pero el problema es que si se memoriza una lección y en vez de «átomo» sale «molécula», todo lo que sigue desaparece de la mente como por arte de magia. Así que no sirve.

Podría servir copiarse, si no fuera porque nuestros hijos tienen una tendencia morbosa a sentarse con chicos más vagos que ellos mismos, lo que al copiarse empeoraría las notas.

De modo que no queda más remedio que ayudarlos a estudiar.

El problema es cuando los padres no entendemos la materia de estudio, y no los podemos ayudar.

¿Quién recuerda para qué servían los cálculos algebraicos y los logaritmos?

¿Cómo se calculaban el coseno y las derivadas?

¿En qué libro se encuentra la respuesta a «Nombra las cuatro diferencias entre la postura antagónica boliviana y la de los simpatizantes realistas en la coyuntura prerrevolucionaria» o a «Si se extrajeran las mitocondrias de una célula, ¿qué sucedería con la anafase?». ¿Podemos dejar solos a chicos de trece años enfrentando esos dilemas? Porque no sólo desconocen el significado de la palabra «mitocondrias», ¡sino que se quedan horas parados porque no saben definir «célula»!

Algo raro está pasando:

—¿Por qué no le preguntaste antes esto a la profesora?

—Porque me dio vergüenza... No quería parecer el único alumno que no lo sabía.

—¿Y quién de tus compañeros lo sabe? Así lo llamas por teléfono y le preguntas e él.

—¡No lo sabe nadie, mamá!

—¿Cómo nadie?

—Y, sí: ¡Nadie entendió nada de esa clase!

—¿Pero no sabes que si nadie le dice «No entiendo» a la profesora, ella cree que todos entendieron y sigue adelante con cosas más complejas? ¿Cómo puede ser que seas tan tonto como para no preguntarle, si a ella le pagan para responder preguntas y explicarte todo?

—Bueno... un día le pregunté una cosa.

—¿Y?

—Me dijo que eso ya lo había explicado, y que no iba a repetirlo.

Es inútil. Entre la mala voluntad de los profesores y la timidez de nuestros hijos, la única solución reside en que las madres tengan que repasar temas que creían olvidados para siempre y explicarles todo otra vez, con la eterna duda de no saber si les estamos explicando todo mal o bien.

Porque el hecho de que sean tan grandes como para querer fumar no indica que sepan dónde encontrar bibliografía. Es más, parece ser que el interés de los adolescentes por el cigarrillo es inversamente proporcional a su interés por buscar datos bibliográficos. Por eso, todas sabemos que una buena madre debe tener tiempo para ir a buscar datos sobre reproducción celular o sobre Bolívar en la biblioteca más lejana a su domicilio —porque la más cercana nunca tiene nada— en el rato libre que le queda entre llevar al menor al oftalmólogo, hacerse un Papanicolau, preparar el almuerzo, correr al trabajo y volver pasando por la tintorería.

Es posible que den las diez de la noche y el chico no ha estudiado nada. Nos quedan sólo dos caminos: gritar o razonar. En el primer caso sucede algo así:

—¡Son las diez de la noche, yo llego agotada y veo que mañana tienes dos pruebas y todavía no has empezado a estudiar! ¿Qué estás esperando, cabeza de alcornoque?

A lo que nuestro hijo responde:

—¡Bah!

Por ende, ese camino no sirve.

Nos queda el del diálogo racional, a través del cual se llega a la situación siguiente:

—¿Estudiaste, cariño?

—No.

—¿Por qué no, chiquito lindo?

—Ma, no quiero estudiar esto... ¡Es un lío!

—Pero tienes que estudiarlo.

—¿Pero para qué me sirve?

—Para aprobar historia y biología.

—¡Pero yo quiero ser comentarista de fútbol!

—Bueno, hijo: podrás ser uno muy original explicando por qué un equipo perdió por falta de mitocondrias y otro ganó con la postura antagónica bolivariana.

A lo que nuestro hijo responde:

—¡Bah!

Ya se sabe que no hay problema el cual, razonando con un hijo adolescente, no logre empeorarse.

Borrachos en Mallorca

Mucho antes de que los chicos realmente estén seguros de que podrán obtener sus títulos de bachilleres o peritos mercantiles, se empieza a poner en marcha la organización de uno de los inventos más perversos de este siglo: el viaje de final de curso.

Al final de la secundaria, todos los alumnos se olvidan de las charlas, las guitarras, el juego y la vagancia para empezar a obsesionarse por la pasta.

El signo euro es su razón de ser.

Las divisiones de las escuelas se van formando en Pymes compuestas por cuarenta empresarios-vendedores más insistentes que vendedores de tiempos compartidos en su afán de vender rifas, sorteos, porciones de torta o entradas para bailes.

Cuando aún existían programas en la radio o la televisión, al menos algunos cursos se mataban estudiando para poder responder bien y ganarse el viaje. Ahora, ni eso.

Todos se olvidan de estudiar, de preparar lecciones, de no llevarse materias, porque lo más importante es JUNTAR PASTA PARA IRSE A MALLORCA.

Generalmente, esto no es más que una temprana expresión de deseos. Al poco tiempo, la división se subdivide en grupos que quieren ir a Mallorca, grupos que quieren ir a Italia y un subgrupo que prefiere Córdoba.

No irse de viaje de final de curso es una enorme frustración. Pero irse, es casi peor.

Para no abundar en detalles, se puede resumir diciendo que un viaje de final de curso es algo así como una larga siesta carísima, muy lejos de casa, o un paseo arrastras, con muchísimo sueño, sin poder distinguir a una montaña de un autobús.

Como yo lo entiendo, este viaje tendría que ser un rito iniciático, un canto de triunfo por terminar con éxito un ciclo lectivo y una prueba de convivencia para practicar responsabilidades individuales.

En un verdadero viaje de final de curso los chicos tendrían que irse solos, sin guías, sabiendo que pueden cuidarse del descontrol y disfrutar del compañerismo.

Pero eso en nuestra cultura, donde la infancia dura hasta los veinte años, viene mucho después, cuando empiezan a hacer pequeños trabajitos invernales que les permiten juntar unos euros como para viajar de mochileros haciendo dedo.

Mientras tanto, este tipo de viaje sirve para que los chicos salten de la tutela paterna a la de un guía que les hace chistes malos y los pone a hacer largas colas para andar en cuatriciclo, en bote, en trineo o para comer la monodieta del arroz y la patata hervida, que es la habitual en estas ocasiones.

Además los estimula para que canten himnos edificantes como: «¡Atención, atención/ atención, atención/ las chicas del Menéndez y Pelayo/ se sacaron el calzón!».

Todo con la idea de que los chicos pasen unos días inolvidables.

Lo que en verdad pasa es que unos cuantos se emborrachan y caen en un estado tan lamentable que el resto se emborracha para olvidar el calamitoso espectáculo. El guía, mientras tanto, soluciona todo con un simple: «¡Aguante el Barça, hop, hop! ¡Ole, ole, ole, oleeeé! ¡El que no salta es un maricón!».

Los romances que se venían gestando en la escuela se concretan en la terraza congelada del hotel y causan tal decepción que se marchitan antes de nacer. Eso sí: ambos preservarán en el fondo de sus corazones el entrañable recuerdo de la nariz escarchándose en la noche isleña.

A veces sucede que dos chicas que no se podían ni ver descubren que son almas gemelas, mientras que quienes eran amigas del alma se pelean a muerte por un chico del lugar al que ninguna volverá a ver en su vida entera.

Los chicos vuelven a casa rendidos de cansancio y en bancarrota. Aunque el viaje te costó todos los ahorros, encima tuviste que darle a tu hijo un montón de dinero para pagar extras (todo es extra), albergando la esperanza de que trajera algo de vuelta. Pero al llegar no le sacas una moneda ni aunque lo des vuelta como un guante.

—¿Qué pasó con los 500 extras que te di?

—¡Es que si no pagaba 20 por almuerzo, no tenía derecho a la patata hervida y ya estaba harto del arroz!

Para la madre que todavía no pasó por esta etapa, le aviso que todo empieza así:

—Ma, ¿no me das dos mil euros?

—¿QUÉ? ¿PARA QUÉ?

—Para irme de viaje de fin de curso.

—¿Y por qué tienes que ir?

—¡Porque todos van!

—Pero te pasas todo el día diciendo que son una pandilla de pesados...

—Pero es igual, son mis compañeros.

—Pero tú sabes lo que a tu padre y a mí nos cuesta juntar ese dinero, que es lo que pensábamos usar para comprar la pierna ortopédica del abuelo.

—Ya lo sé... pero tengo que ir.

—¿Y te sientes responsable como para arreglártelas solita estando allí?

—No te preocupes, mamá. Allí hay alguien que nos lleva, nos trae, nos da de comer, nos despierta, ¡nosotros no tenemos que hacer nada!

Y una piensa: ¿Entonces para qué va a ir? ¿Cuál es la diferencia respecto de la vida cotidiana? ¿El paisaje? ¡Si ni siquiera lo ven porque están durmiendo la mona!

Para colmo, luego de semejante derroche llega la nena del viaje:

—¿Cómo te fue, preciosa?

Y ella, recordando al muchachito que se fue sin saludarla, responde:

—¡Horrible!

¿Quién dijo que la vida es justa?

Eso sí: en cierto momento todo sirvió para que los chicos trabajaran en equipo y se repartieran responsabilidades hasta darse cuenta de que si todos luchan por una causa común, pueden lograr algo tan constructivo como juntar el 0,2 % de los fondos necesarios para pagar los pasajes. Pero no importa. Hasta las peores cosas se pueden pagar a plazos.

El diálogo post viaje más constructivo que escuché fue:

—¿Cómo te fue, nene?

—Bien. Mallorca es hermosa. ¡Pero eso es un curro!

—¡No me digas!

—Sí, es un negocio increíble... Dime, ¿qué tendría que estudiar para poner una agencia de turismo estudiantil, así me lleno de pasta?

Cuando yo viví esta etapa de recaudar fondos para el viaje, hice tantas tortas como para ganarle a Marta Minujín haciendo una pirámide de Egipto de bizcocho: además vendí más números de rifas que un local de lotería y pegué más papeles anunciando bailes que si estuviera trabajando para una campaña política.

Para cuando teníamos que decidir adonde iríamos de viaje, en un aula de 42 alumnos ya no había ningún grupo homogéneo de más de cinco personas: unos querían nieve, otros playa, unos autobús, otros avión... y casi terminamos odiándonos luego de largos años de unión fraternal.

¿Qué hicimos, entonces? Con todo el trabajo, habíamos juntado pasta suficiente para pagar el 100 % del viaje a Mallorca... de un solo alumno. Entonces decidimos olvidar el viaje y gastar los fondos en un asado en el campo, donde intentamos una reconciliación para guardar un buen recuerdo como broche final de esta etapa.

Lástima que en el día tan esperado llovía a cántaros. Igual guardamos un recuerdo imborrable: Quique, El «Pepa» y Ornar patinando en barro, chorizos carbonizados y anginas para todos durante una semana.

Como dice Woody Allen, la vida está dividida entre lo horrible y lo miserable. Lo bueno es que si sumamos desgracia más tiempo, podemos reírnos de nosotros mismos, de nuestros hijos, de todo ese largo pero imprescindible proceso de encuentros, desencuentros, avivadas, amonestaciones, absurdos, luchas intestinas, viajes tortuosos, romances rotos e ilusiones partidas que es la escuela secundaria.

Y JUSTO CUANDO UNA PENSABA QUE IBA A PODER DESCANSAR... LLEGAN LAS VACACIONES

Las vacaciones ofrecen una doble vertiente para las madres. Por un lado, nos sentimos aliviadísimas de poder parar de cumplir horarios estrictos y de vivir con los ojos pegados al reloj. Por el otro, vamos a estar con los chicos en casa todo el día. Salvo que los apuntemos a una colonia de verano, en cuyo caso otra vez vamos a tener que estar con los ojos pegados al reloj y la lengua fuera llevándolos y trayéndolos de alguna parte, sacando toallas empapadas de bolsos con olor a moho y controlando que nunca falten chancletas, bañadores y gorras de goma. Los chicos, como los tomates, crecen con el calor. Me pasó que empiezan el verano usando un bañador y a los quince días juran que no les entra. Y es cierto. Así que si una piensa mandarlos a la colonia hay que andar calculando que hay que comprar bañadores talla 10, 14 y 16, uno para cada mes. Y después, mandarlos a dormir al garaje porque en su cuarto ya no entran.

¿EN QUÉ PISCINA NOS BAÑAMOS HOY?

Si durante las vacaciones de verano nos quedamos en casa, hay dos maneras de entretenerlos: con una piscina en casa o mandándolos a una piscina en casa ajena. Porque la otra variante de diversión (televisor y ventilador) es demasiado estática para chicos en la etapa de desarrollo.

Si van a una casa ajena, no hay problemas en tanto no te fascine demasiado la súbita soledad, y decidas pasar a buscarlos a la una de la mañana, cosa que no nos granjea la amistad de la madre que los invitó.

Si tu casa es la invadida, anda diciéndole adiós a tus flores más bonitas, y prepárate para tener que cambiar 50.000 litros de agua, porque los chicos y sus amigos escupieron, mearon, embarraron y llenaron de hojas y patatas fritas eso que antes era agua de piscina transparente y turquesa con exactos 7 puntos de PH.

Y si de agua hablamos, vas a tener charcos por toda la casa, hasta en tu mismo dormitorio donde tenían prohibidísimo entrar. Si eres madre de adolescentes, ves charcos en tu habitación, y a tu hijo saliendo de la misma apresuradamente con una chica abrochándose el bikini... bueno, es hora de tener una larga charla con el muchachito.

Todo depende de las edades de tus hijos. A los chicos muy chicos les encanta salir a pasear. Lo único que hay que tener en cuenta es que a ellos lo que menos les interesa es llegar a ninguna parte. Una rama, una piedrecita, un banco en el camino los entretiene durante horas, al punto de que terminamos llegando a la casa de la abuela para la cena, cuando ella —que vive a siete manzanas— nos esperaba para almorzar.

Los chicos de más edad, en cambio, tienen terribles berrinches por dos cosas: porque quieren salir ya, o porque no quieren salir a ningún lado, las dos con la misma fuerza, y a veces las dos consecutivas en el mismo hijo, o consecutivas alternadas entre dos hijos:

—¡Vamos a pasear!

—¡No quiero salir!

—Mamá, salgamos.

—¡Yo me quedo solitoooo!

—¿Cuándo vamos, mamá?

—¡Yo no voy a ningún lado!

La solución es decirle al que quiere salir que vaya bajando hacia la calle, mientras al que no quiere salir le vamos prometiendo golosinas increíbles y paseos en ponis inexistentes con tal de sacarlos de casa.

Los chicos un poco más mayores, rondando los 10 años, no están interesados por el paseo en sí, sino en llegar a un sitio que valga la pena el esfuerzo de arrancarles del ordenador. Si tienes un nene de 2 años y uno de 9, «pasear en familia» es un concepto que se traduce con la siguiente imagen: tu hijo chico observando piedrecitas en la esquina de tu casa, mientras que tu hijo mayor ya llegó a Madrid, y tú corriendo desesperada entre los dos extremos de ese segmento imaginario, temiendo que el grande decida cruzar la vida o la avenida solo, o que un depravado aproveche que estás preocupada tratando de ver entre la gente dónde está el mayor, para secuestrar a tu hijito que se olvidó del mundo recolectando colillas apagadas en la acera.

Tal vez todo termine en la hamburguesería más cercana, donde ambos descargarán las energías intentando no hundirse definitivamente en un cenagal de pelotas plásticas, o se entretendrán llorando a voz en grito porque el juguete de regalo que viene en su Cajita Sorpresa no es el que exhiben en la puerta de entrada.

Hay una cosa que consuela a las madres: no hay berrinche que no pare con una bien fingida indiferencia de nuestra parte.

Supongamos que en un día de lluvia tu chico se revuelca furioso por el barro en la puerta de una tienda porque no se quiere ir de un lugar donde lo perdiste de vista tres veces en media hora, (mientras tú te hacías la terrible película acerca de chicos secuestrados y contrabando de órganos).

¿De qué le sirve desgañitarse gritando, patear el suelo y ensuciarse todo si tú ni te mosqueas? Es cierto que los demás transeúntes te mirarán con horror al verte TAN indiferente ante un chico en crisis. Pero la única otra manera de frenar una ataque de histeria es una buena bofetada, y eso sería visto con más horror aún.

Así que lo mejor es dejar que se ensucie, grite y patalee, mientras tú miras el techo con cara de patata hervida, hasta que se dé por vencido y acepte seguir caminando derecho a casa. Porque así como una empuja por salir a pasear con los chicos, más temprano que tarde se termina volviendo.

Fuiste de compras porque ya no lo aguantabas en casa, y después de estar cinco minutos en la tienda te das cuenta de que no lo aguantas y quieres volver corriendo a casa. Te mueres por ir al zoológico y le ruegas a los chicos que te hagan caso porque quieres ver al elefante, cuando a ellos ya no les importa un pito el reino animal. Su obsesión no pasa por palpitantes bestias peludas: ellos sólo se fascinan con los animales extinguidos. Por eso, cuando estás ahí, tratan de arrojarse a la fosa de los leones, chillan porque quieren mil bocadillos, siempre tienen ganas de hacer pis en la punta opuesta de los sanitarios y lo que más les gusta de la mayor colección de animales de la ciudad son... las atracciones.

Con los chicos siempre es así: una está con ellos en el lugar equivocado, buscando el lugar ideal para la infancia que, simplemente no existe.

CÓMO VIAJAR EN COCHE SIN TIRAR A LOS CHICOS POR LA VENTANILLA

¿Dónde se puede ir con los chicos?

El destino ideal tendría que quedar a menos de 400 kilómetros de distancia (para poder ir y volver en un fin de semana largo), tener paisajes naturales donde se puedan soltar los hijos sin peligro, terrenos amplios (pero cercados para que no se vayan a la calle), un poco de agua para tirar piedrecitas (pero no tan profunda como para que puedan ahogarse), árboles de ramas bajas y sólidas (para treparse sin caerse al suelo), mucha arena para jugar (pero sin trozos de vidrio ni chapas oxidadas mezcladas), algunos juegos infantiles (pero ninguno donde no puedan trepar sin ayuda paterna), relieves variados (pero tampoco montañas tan altas que perdamos de vista a los chicos), un baño cerca (para los que se niegan a hacer en sus necesidades en el campo, y con buena cantidad de papel higiénico) agua corriente para lavarlos, sombra para cuando el sol arrecia, senderos para bicicletas y triciclos (que no estén invadidos por patinadores o skaters que van a toda velocidad), algún animalito cerca (pero que no muerda ni pique) y un quiosquito barato donde se pueda saciar un eventual antojo de patatas fritas. Además debe tener un clima excelente y hoteles económicos con TV con cable, por si llueve a cántaros. MUCHOS hoteles económicos, porque los chicos a cierta edad opinan sobre hoteles y son capaces de decir, en el último que tenía habitaciones: «Yo aquí no me quedo ni loco...».

Si alguien conoce un lugar así, me encantaría que me avisaran. Mientras tanto, a uno no le queda más remedio que ir hacia la costa. Ahí tenemos la garantía de vivir un fin de semana lleno de emociones fuertes. Para empezar, nos esperan unas seis horas encapsulados en un coche lleno de chicos que dicen «¿Cuánto falta? ¿Falta mucho?» cada dos minutos.

—Chicos, parad de preguntar y disfrutad del paisaje...

—¿Qué paisaje?

—¿No véis? ¡Estamos en el campo!

—¿Qué me importa?

—¡Mirad: vacas!

—¡Qué aburrido!

—¡Mirad! ¡Un ovni!

—¿En serio? —dicen, mirando ansiosos y sorprendidos el cielo con absoluto candor.

Los chicos muy chicos requieren más trabajo. Si uno no los entretiene todo el tiempo, se empiezan a retorcer en el asiento del coche reclamando que quieren ir a las atracciones que ven en el camino, que no son más que elevadores de grano. Pero intenta convencer a un chico de 14 meses que ir ahí no es divertido, salvo que uno disfrute hundiéndose hasta el cuello en maíz. A los chiquitos hay que mostrarles libritos, jugar a la palmas con alegres canciones inocentes como la que cuenta que *El verdugo Sancho Panza, za, za/ ha matado a su mujer, jer, jer /porque no tenía dinero, ro, ro/ para irse al café, fe, fe* o la que narra la historia del entierro y la tumba de Mambrú, el que se fue a la guerra y tuvo una suerte pésima.

—¡Mirad, nos sigue la policía porque los otros coches nos denunciaron por ruidos molestos!

—No es cierto. ¡Quiero llegar!

Es hora de buscar otra estrategia:

—¿Jugamos al veo-veo? Veo, veo...

—¿Qué ves?

—Una cosa.

—¿Qué cosa?

—Maravillosa.

—¿De qué color?

—Gris oscuro.

—¡El asfalto! Ahora yo: Veo, veo...

—¿Qué ves?

—Una cosa.

—¿Qué cosa?

—Maravillosa.

—¿De qué color?

—Gris oscuro.

—¡El asfalto!

Se puede continuar así hasta que todos se duerman, aunque es preferible pellizcar cada tanto al conductor, por las dudas. De todos modos, con chicos más vivos, el «veo-veo» dura, como mucho, cuatro colores: gris asfalto, celeste cielo, verde pasto y un cuarto color, si es que el interior del coche no es de color gris asfalto, celeste cielo o verde pasto.

La cosa se complica cuando llegamos a nuestro destino: generalmente hay tanta gente en todas partes que perdemos a los chicos en la calle, no conseguimos mesa en los restaurantes familiares y no se puede ni leer el diario en la playa porque no sabemos si al mayor se lo comió un tiburón, al menor se lo tragó una ola, el chiquito se fue caminando hasta Mallorca, o si se confundió de sombrilla. Hay que estar todo el tiempo intentando concentrarlos en un mismo metro cuadrado de arena para no volvernos locos con niños perdidos. Si pierdes alguno en la playa, acuérdate de un consejo que le dijo la policía a una amiga: los bebés pueden caminar siete horas por la playa muy campantes. Pero cuando los vayas a buscar, anda en la dirección del viento. Serán distraídos pero no tontos: no caminan contra el viento.

El grato fin de semana buscando chicos por la playa acaba en una terrible caravana de coches que deciden volver todos a la capital a la misma hora del mismo día.

—Mamá... ¿Falta mucho?

—¿Cuánto falta para llegar?

Escuchamos eso cada dos minutos, como un disco rayado.

Y no podemos menos que pensar:

«Esta película ya la vi, ¿alguien me pondría el "pause" en la vida, por favor?».

Secretos de los nómadas

Lo mejor de las vacaciones es que te permite ver todo como si fuera nuevo, a través de los ojos infantiles. En realidad, no estoy hablando de las vacaciones, sino de toda la maternidad. Siendo madre, una descubre todo por primera vez, lo percibe con ojos vírgenes, se pone en lugar de sus hijos admirándose con las mismas cosas que vio siempre, pero conectándose nuevamente con aquella mirada nueva de su propia infancia. Llevar de vacaciones a los chicos es una actitud muy egoísta, porque nos descubren toda una nueva dimensión aunque vayamos a mirar árboles caídos en las orillas del Manzanares. Para ellos todos es «¡Oh! ¡Mira!» en una corta etapa de sus vidas que precede a la de la pubertad, donde pasa lo contrario: todo es «Puaj, qué porquería!». Por eso les digo a los padres que tienen hijos pequeños que los aprovechen mientras puedan, porque con el tiempo, a los mayores no los va a poder sacar de la casa sin deprimirse porque el planeta entero les parece un asco.

La receta para unas buenas vacaciones es bajar las expectativas que una tiene. No vamos a poder tomar el sol toda la tarde, embebiéndonos en la lectura de una novela fascinante. No vamos a poder ir al cine, ni cenar tarde en un lugar elegante, ni vamos a poder disfrutar de románticos atardeceres en la playa. Porque vamos a tener que elegir lugares, actividades y horarios que complazcan exclusivamente a los chicos. Total, cuando seamos jubilados ya habrá tiempo de hacer la nuestra, si es que aceptan sillas de ruedas en el restaurante más romántico de la ciudad.

Los chicos adoran repetir las actividades que disfrutaron una vez. Así que prepárate para caminar diez veces los siete kilómetros de playa hasta el cementerio de caracoles. Para trepar tres veces al Tibidabo, para ver cinco veces la misma obra de teatro de títeres. Así son ellos.

¿Por qué te pensabas que tienes que repetirles veinte veces lo mismo para que hagan lo que tú les pides? Porque adoran la reiteración.

Acuérdate que los chicos enloquecen un poco en los viajes, y si vas a un restaurante con buffet, serán capaces de servirse una cantidad de patatas fritas coronada por helado de chocolate y trozos gigantes de gelatina de fruta. Al segundo bocado estarán llenos, claro. Pero quieren volver al buffet a servirse flan con crema. Si les explicas que eso no se hace se ponen a llorar a los gritos: «¡Quiero flaaaaan!» hasta que no haya diferencia entre el color de la gelatina de fruta y tus mejillas. Justificaciones sobran: el largo viaje, el cambio de clima, están cansados. Lo que falta es paciencia de tu parte. Yo lo que hago es dejar la cena formal para el último día, llenándolos de condiciones: si gritan no hay postre, si se sirven flan sobre milanesas, se van a la calle, etc. El resto del tiempo nos manejamos con picnics a base de sandwichitos y empanadas. Una de las vacaciones de invierno que pasamos en Córdoba durante la noche hacía mucho frío para hacer picnic, y en el hotel había un cartel que decía «Se prohíbe terminantemente llevar comida a las habitaciones», porque el hotel tenía su propio restaurante en la planta baja. Lo que hacíamos era comprar un suculento pollo con patatas, y pedirles a los chicos que entraran primero, así cuando ellos estaban en la puerta del cuarto nosotros pasábamos a la carrera con el cuerpo del delito: el pollo. Pero nada huele tan bien como un pollo con patatas, y por el camino dejábamos un evidente aroma tan intenso que hasta mi hijo menor dijo:

—Mmmm, qué olorcito...

Yo me agaché y le rogué:

—Disimula, por favor.

Me miró indignado y delante de la dueña del hotel, que nos fulminaba con la mirada, me gritó: «¡YO DISIMULO, MAMÁ! ¿No ves cómo disimulo?». Ejem.

A los huesos del pollo los desparramábamos por la basura envueltos individualmente como lo haría un descuartizador serial ocultando sus pistas.

Hay que tener en cuenta que hay muchos hoteles que no aceptan niños. Mientras en Estados Unidos la mayoría de las grandes cadenas hoteleras alojan sin cargo a los menores de 18 años, en Austria y Alemania yo me encontraba con carteles que decían: «Kinder Verboten» (Prohibido Niños).

Una vez, viajando por los Alpes, me costó un gran esfuerzo convencer a una alemana grandota que nos diera alojamiento sólo por una noche. Habíamos cruzado cuatro países, seis fronteras y sus respectivas aduanas, y ya habíamos pasado dos horas buscando alojamiento que aceptara a un gordo de un año.

—¿Su hijo llora? —me preguntó la alemana.

—Jamás —mentí, con la mano en el corazón.

—¿Hace pis?

—Nunca en la vida —aseguré.

—No quiero sábanas mojadas ni ruidos molestos, ¿eh?

—No los habrá —aseguré.

—Está bien, sólo por esta noche —dijo esta versión femenina de Hitler.

La casa alpina era un primor de puntillas, balcones desbordantes de geranios, tan impecable en todos sus detalles. Nuestra cama tenía un edredón blanco nieve de plumas y el baño estaba alfombrado en color celeste pálido, con cubretapa de inodoro, cubre bidet y cubrebalanza haciendo juego.

Pero ocurrió lo peor.

Bajamos a cenar al comedor y, como en un acto de precoz rebeldía adolescente, mi hijo no quiso saber nada con su sopita de cabello de ángel, y se devoró más de la mitad de mi goulash picante. Como también quiso tirar mi cerveza al suelo, huimos a la habitación antes de que ensuciara la alfombra color marfil, y le tapamos la boca como secuestradores entrenados, para evitar que despertara a todo el mundo con sus alaridos. Siguió chillando en la habitación, y sospeché algo más que cansancio infantil: en efecto, el chico vomitó todo el goulash en el edredón blanco de la primorosa cama. Lo llevé corriendo al baño celeste pálido, que quedó con grandes lamparones de paprika maloliente. Y eso no fue todo: la descompostura le produjo una diarrea como mostaza que desbordó el pañal hasta llegar al colchón. Y muchos más llantos. Al amanecer del día siguiente mandé a mi marido a pagar la habi-

tación, mientras yo escondía el edredón en la ducha y las sábanas ca-
gadas entre los geranios del balcón. La dueña vino de todas formas a
revisar:

—Niño llorar mucho anoche... ¿*Nicht?*

—Sí, pero ya pasó —dije cargando bolsos y nene, rodando por la escalera y metiéndome en el coche que ya estaba en marcha a la velocidad de la luz para huir precipitadamente antes de que los gritos de Frau
Helga hicieran eco en todo el Tirol.

A partir de ese día, en todo Austria subtitularon los carteles de
«KINDER VERBOTEN» («Niños prohibidos») con la traducción al es-
pañol: «NINOS POBRHIDOS».

El centro de Europa padece tres obsesiones de cierta gravedad:

1) Fabricar muchos chocolates y relojes cucús.

2) Que sus casas se miren pero no se toquen.

3) No aceptar en ellas a nadie que al irse les permita encontrar sábanas sucias arriba del calentador y colchas con mocos debajo de la
cama.

Consejitos
de la mamá
de Marco Polo

En el coche

Si viajas en coche con chicos, tienes que recordar que la cantidad de chicles y caramelos pegados a las patatas fritas incrustadas en la alfombra, será directamente proporcional a la cantidad de kilómetros recorridos con ellos, que están amenizados por conversaciones del tipo:

—¡Ella me sacó el lápiz!

—¡Él me sacó el papel!

—¡Ése era mi lugar!

—¿Por qué a mí nunca me toca la ventanilla?

—¡Mamá, él me metió un dedo en el ojo!

—Tengo hambre, pero de sándwich de milanesa.

—Quiero hacer pis, pero no en la cuneta.

—Estoy aburrido.

—¡Buaaá! ¡Me dejé las Barbies en el restaurante! —y el restaurante ya está a 200 kilómetros.

Para los chicos no hay nada más tedioso que estar largas horas en un coche. La reiteración de la pregunta «¿Cuánto falta para llegar?», puede llegar a enloquecernos.

Para que ni padres ni hijos desesperen, conviene seguir varios consejos:

• No hacer una maratón de ocho horas no stop, más vale hacer varias paradas en el camino. Los chicos necesitan gastar energías para sentirse bien. Y más vale que las gasten potreando fuera y no arrancando el tapizado de los asientos del coche.

• Dentro del coche tenemos que llevar un arsenal de entretenimientos como lápices, cuadernos, juguetes, galletitas, caramelos, frutas, bebida, libros, revistas, historietas, blocks de papel, jueguitos electrónicos a pilas y cassettes con la música que ellos prefieren. En la primera etapa del viaje esto resulta un entretenimiento efectivo. Luego de 100 kilómetros de recorrido, al estar mezclado todo y encontrarse la bebida derramada en las galletitas, lápices en el compartimiento de pilas del jueguito electrónico y las hojas de los libros pegadas con caramelos masticados, da igual ir tirando el arsenal por la ventana en cualquier ruta.

• Si parte del viaje se realiza por la noche, hay que llevar linternitas de mano a la que se le atará una tela para que haga una luz difusa que no moleste al conductor. Hay que aclararles que no vale apuntar a los ojos y encandilar a papá para divertirse viendo como zigzaguea y se sale de la ruta a campo través.

• Una excelente idea es mostrarles el itinerario previsto en los mapas, señalándoles por dónde vamos, qué encontraremos en el camino, y qué hallaremos allí donde pensamos llegar. Y taparnos los oídos con las manos cuando digan: «¡Pero yo quería ir a Disney World, no a Chinchón!».

• Si el problema es que el viaje en coche los marea y descompone, vale la pena probar la técnica de los marineros en alta mar: mirar fijo el horizonte y masticar raíz de jengibre para evitar las náuseas. Pero como ningún niño quiere mascar la amarga raíz, mejor dejarlos vomitar tranquilos.

En el avión

• Una vez en el avión, conviene explicarles a los chicos para qué sirve cada cosa (luces, bandeja, botón de llamada), así saben bien a quién molestar a timbrazos, y cómo hacerlo.

• Hay que pedir al personal de vuelo que nos consigan todo lo que sea posible para entretener niños. Y si alguna azafata se anima a darle la teta a tu hijo para que tú puedas dormir, bienvenida sea: agárrate fuerte a tu esposo y a roncar.

• Al nene podemos armarle una cama en el suelo, debajo de nuestro asiento, y pedirle que se acueste allí. Dormirá así como en casa, en tanto su cuerpo no se deslice hasta el pasillo del avión, donde cada uno que pase lo pisará y pateará sin clemencia alguna. Si lo escuchas llorar, no le hagas «Shhhh»: es que lo están pateando.

En el lugar de vacaciones

• El secreto de las vacaciones en familia es que reine la justicia: que haya un rato para que cada uno lo pase como más le gusta, mientras los demás esperan su turno para pasarlo bien. Por ejemplo, podemos quedarnos mirando las estrellas con los más chicos, mientras el mayor se emborracha en la disco, y el mayor lo compensará mañana aguantándose como duque y sin chistar un show entero de los aberrantes Teletubbies.

- En muchos parques temáticos o de diversiones que están (supuestamente) hechos para niños, hay juegos que pueden asustar a los chiquitos más impresionables. Tratemos de averiguar cuáles son, para convencer a los pequeños de que no vale la pena meterse en un túnel oscuro donde los brujos le pegarán. Ahorraremos dinero y volveremos antes al hotel.

- Aunque no lo parezca, los chicos escuchan las propuestas. Decir: «Si no gritas en el museo, no te encierro dentro del sarcófago de la momia», es una frase que surte efecto.

- Si uno quiere visitar un lugar histórico, lo mejor es convencer a los niños de que allí se ahorcó gente, hay esqueletos enterrados, fantasmas y aquelarres. Es el único modo de hacerlos entrar y mantenerlos en calma.

- Los chicos y jóvenes durante un viaje necesitan el contacto con otros de su edad. Hacia la mitad del recorrido dejémoslos pidiendo monedas en el semáforo con otros mocosos como ellos. Y capaz que juntemos para algún dinerillo para la vuelta.

- Un cuaderno atractivo que les sirva como «Diario de Viajes» y donde puedan anotar todo lo que hacen y expresar sus impresiones, sirve de estímulo a chicos indiferentes. Cuando vemos que empiezan a llenar las páginas con escenas de cabezas cortadas y chorreando sangre, y frases como: «Odio a mis padres», «No soporto a mamá», y «Estoy furioso», tal vez sea el momento de regresar a casa.

- Hay que permitirles a los chicos sacar fotos que les sirvan de recuerdo de sus vacaciones: los pies del mozo, el plato de paella tirado al suelo, mamá a punto de ahogarse y la rueda en yanta que tanto pateó papá.

- Cualquier chico se olvida del aburrimiento si le damos unos pocos euros para que en algún momento se compre un recuerdo para él o sus amiguitos. Y si le das la tarjeta de crédito tal vez suceda algo mejor: tu hijo desaparecerá feliz, por varios días.

MADRES DE ADOLESCENTES

Cuando una tiene hijos que se hurgan la nariz con insistencia delante de extraños, caminan con zapatillas mugrientas sobre el sofá blanco de una amiga soltera —que al ver a los tuyos jura ir al médico para ponerse dos DIU— y se tiran al suelo en medio de un berrinche en la tienda porque no le compraste un globo que cuesta cinco euros (o porque se lo compraste, y al minuto se fue al techo del complejo comercial, y lo peor es que el crío lo puede ver pegado al cielorraso, lo que le provoca más llanto), una ruega QUE CREZCAN PRONTO.

Porque una siempre piensa que si les crece el cuerpo, también tiene que crecerles el cerebro. ¿No?

No.

Ese es nuestro error.

El cuerpo crece, pero el cerebro queda en estado latente, o —lo que es peor— sufre una ligera regresión. Leí alguna vez que si vinieran seres extraterrestres al planeta Tierra y, sin tomar en cuenta las proporciones corporales, intentaran saber cuáles miembros de la especie humana son los adultos, dirían que son esa franja humana que tiene una edad entre nueve y diez años. Coincido plenamente con eso. En cierta forma, algo pasa a esa edad, que los chicos resultan bastante ideales. Siguen tirando medio plato al suelo al comer, pegando mocos en la pared y no pueden exprimir naranjas sin que haya más zumo en la mesa que en la jarra. Pero ya están capacitados para bañarse solos, vestirse solos, peinarse solos, abrir la nevera y hacerse un sándwich y tienen una extraordinaria capacidad de razonar, investigar el mundo y atar cabos entre temas diversos con lógica sorprendente. Además, tienen un soberbio sentido de la honestidad y la justicia, haciéndonos pasar muchas veces terribles papelones a los adultos, gritándonos: «¡Mamá, no mientas!», cuando le estamos diciendo al jefe que no vamos a trabajar porque no hay trenes, cuando la verdadera razón es que faltó la canguro. Son capaces de enfrentarse a una maestra diciéndole que no es cierto que San Martín fue siempre un patriota, porque ellos leyeron que primero peleó del lado de los españoles y después se dio vuelta como una tortilla. No le dirigen más la palabra a un entrañable amigo que los estafó cambiándole un balón por una linterna rota. Y se niegan a lavar un plato «Porque siempre lo tengo que hacer yo, porque soy el único que cuando llamas, viene enseguida».

Sus razonamientos son tan redondos y perfectos como el Teorema de Thales. Y muchas veces nos vemos obligados a decirle a un enano de escaso metro diez de altura: «Discúlpame, hijito. Tienes toda la razón». Lástima que esta etapa dura poco.

EL SÍNDROME DE LA LANGOSTA

Alrededor de los doce años y medio, los chicos empiezan a imitar las peores cosas de los adultos: mentir, decir algo y hacer lo contrario, chantajear, manipular o, lo que es peor, cerrarse definitivamente como ostras.

No en vano a esta etapa la psicoanalista francesa Francoise Dolto la llamó «el síndrome de la langosta», porque por fuera parece que fueran durísimos y que nada les llega, pero esa es una fachada para tapar todo lo blanditos y sensibles que se sienten por dentro.

Ya no son chicos, pero tampoco son grandes. Brazos y piernas les quedan tan largos que no saben cómo ponerlos.

Conservan la capacidad adquirida a los diez años de bañarse solos —dejando al resto de la casa sin agua caliente por dos horas—, de vestirse solos —eligiendo invariablemente lo más llamativo y andrajoso de su ropero—, de peinarse solos —con resultados semejantes al de una peluca en un ciclón— de caminar solos hacia la escuela —llegando tan tarde como para estar al borde de quedar expulsados por acumulación de medias faltas—, de abrir la nevera y hacerse un sándwich —y dejar toda la cocina llena de mayonesa.

Quieren afirmar su personalidad, ser ellos mismos, diferenciarse de los padres, escapar de la ala materna y no se les ocurre mejor manera para marcar que son distintos e independientes que atacar a los padres a mansalva.

No son chicos, tampoco son grandes... ¿qué son? Esta búsqueda de su propia identidad los lleva a tener fuertes sentimientos de pertenencia, pegarse al teléfono durante horas, vestirse de manera idéntica a sus amigos, y no usar ni a palos nada que sus coetáneos no usen. Parece que lo más importante de ser adolescentes es pertenecer al grupo, que son los únicos que los comprenden.

Como madres, hay que estar listas como guerreros samuráis para hacer frente a esta etapa. Tienes que meterte en la cabeza que debajo de esa coraza dura y ese rostro inexpresivo sigue estando tu tierno hijito de diez años, el mismo que te abrazaba por sorpresa cuando le decías que hoy había milanesas para el almuerzo. Comunicarse con un adolescente es un intento vano. No intentes hacerte la «amigota», hablar con su jerga, unirte a la charla con sus amigos: ellos quieren ser un núcleo aparte, bien diferente al del enemigo (léase «padres»).

Hay sólo dos cosas que los hijos adolescentes no toleran de su madre:

a) Todo lo que ella diga.

b) Todo lo que ella haga.

Los hijos adolescentes son firmes en sus convicciones y costumbres: registran una importante pérdida de la capacidad de pasar rápidamente de un estado a otro. Resulta tan difícil sacarlos de la cama por la mañana como lograr que se vayan a dormir por la noche. Resulta tan complejo lograr que se metan en la ducha cuando apestan como elefantes muertos, como lograr que salgan de la ducha una vez que se metieron en ella. Resulta tan difícil que salgan de casa a pasear con los amigos, como lograr que entren en casa alguna vez para cambiarse la ropa y recordar qué cara tenían cuando los veíamos a menudo. Si se ponen en movimiento, no paran. Si se acuestan, entran en estado catatónico.

La frase más repetida que vas a escuchar sin pausa es: «¡Ay, mamá!», pero con un tono de lamentación escandalizada que te parte el alma... hasta que lo dicen tantas veces que ya estás inmune.

Todo lo que hagas es deplorable y vergonzoso. Si saludas a alguien en la calle te dicen: «¡Ay, mamá, no grites! ¡Qué escandalosa!». Si no saludas, te dicen: «¡Ay, mamá, qué antipática!».

Si los esperas con el almuerzo listo, te dicen: «No tengo hambre». Si no hiciste comida, es: «¿Aquí nunca hay nada para comer?».

Se pasan la vida diciendo «No tengo qué ponerme». Pero la ropa que le compras les parece horrible y te piden que la devuelvas, que ellos nunca se van a poner algo tan ridículo.

Siempre tienes la espantosa sensación de que lo único que quieren de ti es el dinero. Cuando al fin se levantan del sillón, y paran durante un segundo de ver cualquier cosa por televisión, sea un programa de entretenimientos, dibujitos animados, fútbol o nenas en bolas bailando ritmos de la movida tropical, y se acercan a una distancia de menos de dos metros que te da la absurda impresión de que al fin te van a abrazar o hacer una confesión trascendental, es porque te vienen a pedir: «¿No me das unos dinerillos?».

No es que no sean comunicativos. Todo lo contrario. Que se comunican es algo que se constata cuando empiezan a llegar las facturas de teléfono por valores por los que se podría adquirir una lancha con motor fuera de borda o un freezer tropical cinco estrellas de tres puertas.

Tu vida social queda reducida a cero por falta de teléfono disponible, mientras la de ellos se limita a salir de su cuarto con la oreja roja de tanto tener el teléfono pegado a la cara.

Una psicóloga amiga especializada en adolescentes me contaba que es en esta época cuando los chicos tienen que fortalecerse para saber en qué clase de adultos quieren convertirse. Y para eso —lamento comunicarlo— necesitan padres fuertes como murallas medievales para usarlos de *punching ball*. Nos van a fastidiar todo el día a ver si resis-

timos. La consigna para que sean buenos es resistir los golpes, no lograr que nos desmoronen ni que nos pasan por encima o nos hagan agujeros en el alma. Mi amiga también opina que es una pésima idea intentar ser «amiga» de los hijos adolescentes. Los hijos crecen por
oposición a una y adoran sentir que la madre es una vieja retrógrada
con la cual hay que discutir. Pero ojo que la misma hija que te habla
con monosílabos y a la que cuando le preguntas: «¿Qué hiciste?», contesta invariablemente «Nada», es la misma que se va volver una nena
mimosa cuando te quiera pedir prestada la blusa más nueva de tu ropero. Y se va a ofender cuando la acuses de haberla devuelto arrugada,
manchada y quemada con un cigarrillo.

Cuando eres madre de adolescentes te sorprendes diciendo frases
que TU madre te decía a ti, como: «Esto no es un hotel», «Esta no es
una fonda», «Haz el favor de ordenar tu cuarto de una vez», «¿No piensas volver a bañarte?», «Esos pantalones ya están para la basura»,
«¿Otra vez vas a volver al amanecer?», «¡Tenemos teléfono, por lo menos hubieras podido llamar para avisar!», «¿Y a mí qué me importa que
los padres de Damián lo dejen ir? ¡Yo no te dejo!», etc. Es muy extraño,
como si el pasado hiciera eco. Y te quedas pensando que tu madre no
estaba tan equivocada cuando tú eras adolescente y odiabas que ella te
machacara siempre con los mismos temas. Eso sí: acuérdate de decirles que existen los condones. No les vas a dar la idea: la idea ya la tienen desde hace tiempo. Pero que sepan, para cuando empiecen a acercarse más de la cuenta al sexo opuesto, que la felicidad dura más con
condones a mano. Claro que a esto también te lo van a responder con
un: «¡Ufa, mamá. ¡Ya lo sé de memoria!».

Consuélate pensando que —como todo en la vida— esta etapa pa-
sará. Mientras tanto, pasarás espantosas vacaciones con adolescentes
con la cara larga porque la familia no irá a la Costa Brava, (donde ve-
ranean las amigas de la nena) ni quisimos llevar a Córdoba al insepara-
ble amigo del nene que no se baña y se ríe cada vez que eructa, ni in-
vitamos a la costa al amigo que escucha música al punto en que estallan
los parlantes. Esto tampoco tiene remedio: si aflojas y llevas a un
amigo, vas a escuchar protestas de ambos por cualquier tontería, y no
es raro que los dos amigos entrañables se peleen y te encuentres en me-

dio de DOS adolescentes que juran que el otro es un tarado y que quieren volver a casa porque el otro les arruinó el viaje.

La adolescencia tiene su aspecto bueno: los hijos se vuelven tan inmanejables, que empiezas a llevarte maravillosamente bien con tu marido, aunque sea para tener un aliado con quien llevar a cabo esta delicada etapa de chicos duros por fuera, pero por dentro tan tiernecitos como cuando tenían tres años.

"FIESTA, QUÉ FANTÁSTICA, FANTÁSTICA ESTA FIESTA"

A quién no le gustan las fiestas? Juntarse con todos los amigos, escuchar música a todo volumen, tener permiso para bailar sin parecer ridícula, emborracharse sin parecer alcohólica y comer a lo bestia sin parecer una golosa.

Lamentablemente, la vida en esta parte del planeta no nos da tantos motivos de fiesta como en otros lugares.

JAPI BERDEI TU IU

Los chicos viven esperando los cumpleaños. Apenas terminaste de descolgar los globos y de barrer los trozos de torta pisoteada de su cumple, hacen la increíble pregunta de rigor:

—Ma... ¿Cuánto falta para mi próximo cumpleaños?

Nunca les alcanzan los cumpleaños. No hay manera de complacer sus ansias cumpleañeras, ni teniendo doce hijos que te permitan festejar un cumpleaños por mes.

A todos los chicos les gusta ser el homenajeado, ser el centro, recibir regalos y tener permiso para invitar a todos sus amigos de golpe.

Lo gracioso es que a medida que las madres vamos teniendo hijos nuestros cumpleaños van pasando cada vez más desapercibidos y terminan desapareciendo, como si la capacidad fiestera que tiene una se agotara con los cumpleaños infantiles.

Es así que la energía que se pone en un lado, no se puede poner en el otro porque, lamentablemente, tenemos una cantidad limitada de energía. Si hay que sacrificar un cumpleaños, que sea el nuestro, pues. Una es madre y puede sacrificarse. Mientras tanto, los cumpleaños de los hijos crecen y engordan chupándole la sangre a nuestro propio cumpleaños.

Tengo una amiga que se empeñó en festejar sus cuarenta años. Quedó tan agotada con la organización del evento, que el cumpleaños de su hijo lo festejó en una hamburguesería, pese a que ella es acérrima defensora de los festejos caseros. Pero el cansancio pudo más.

Las madres siempre decimos entre amigas: «Para mi cumple podemos salir los tres matrimonios solos, sin hijos, ¿no?». A la semana llaman dos diciendo que no tendrían dónde dejar los hijos. «Vale, salimos a cenar a algún lado que tenga guardería, y vamos con los chicos.» Se acerca el cumple y una nos dice que tiene un crío con fiebre. Ya nos damos cuenta de que no va a haber salida nocturna ni con chicos ni sin ellos, porque el sábado a la mañana hay un campeonato escolar de fútbol y eso nos va a dejar con más ganas de dormir que de salir con amigos. Entonces cambiamos la cena con todos por un té con las amigas el miércoles a la tarde. Que tampoco se realiza porque una tiene que ir al dentista y la otra tiene que hacerle el disfraz de dama antigua a la hija que actúa en la fiesta de la escuela. «Deja, lo festejamos el año que viene», dice una. Y su cumple no se festeja más.

Te invito a mi fiestecita

Una puede postergar indefinidamente sus propios cumpleaños. Pero los cumpleaños de los hijos no se postergan ni se olvidan. Los cumpleaños de los hijos son sagrados. Festejan nada menos que el momento histórico en que evitamos morir en un parto como acostumbraban las mujeres del siglo xv. Y festejamos la llegada al mundo de la persona que nos convirtió en madres felices.

Cuando llega la fecha del cumple del nene, las madres que optamos por la solución casera empezamos a pensar que lo arreglamos en dos patadas: toneladas de forraje infantil (chucherías, patatas fritas y palitos salados), algunas gaseosas, dulces y caramelos para la piñata, un dibujo para ponerle la cola al cerdo, un par de adivinanzas, el baile de la escoba, el baile de la silla, se soplan las velitas y cuando nos queremos dar cuenta, ya empiezan a llegar los padres a buscar a los invitados. Fácil, ¿no es cierto?

No.

La verdad de la historia es que por poco que quieras trabajar, los chicos no comen sólo forraje. Vas a tener que hacer el pastel. Y algunos sandwichitos. Vas a tener que inflar como treinta globos, porque aunque después todos los chicos los dejen perderse en la calle al salir, o los pinchen, un cumple sin globos no es un cumpleaños completo. Vas a tener que anudar cada globo. Y rellenar e inflar una piñata de un metro de diámetro. Y atar los globos en alguna parte de la casa con una soguita. Y después de todo ese esfuerzo, te va a llegar un joven invitado que tiene fobia a los globos, que llora al verlos, por lo cual vas a tener que encerrar todos los globos en un cuarto para no escuchar sus gritos de terror durante toda la fiesta.

La primera media hora del cumpleaños se pasa entre tus kilométricas caminatas hasta la puerta para abrirle a cada nuevo invitadito que llega atrasado, mientras los que llegaron antes están muertos de vergüenza con caras de susto, chupándose el dedo mientras miran el suelo, les lleva cinco minutos reconocer el territorio y pasar de la más espantosa timidez al desenfreno más absoluto. Apenas te quieras dar cuenta, vas a tener tres chicos jugando al *freesbie* con tus compact, a una nena metiendo a tu gato en la lavadora y a otra usando tu cama como cama elástica, mientras otro chico se balancea colgado de una lámpara. «Esto hay que frenarlo de algún modo», piensa una, mientras separa a un chico que intenta partirle el cráneo a otro con una barra antirrobos de tu coche que vete a saber de dónde la sacó porque tú hacía seis años que la estabas buscando infructuosamente.

—Atención, chicos, vamos a jugar.

Nadie te da bola, y ahora hay dos tratando de treparse al televisor para sacar un globo de un estante donde tienes una colección de delicadas figuritas de porcelana.

—¡Atención, chicos, escuchad! Ni caso. Como si lloviera.

—Escucháis o llamo a la policía.

Nada de nada, dos siguen corriendo al gato espantado y uno se embarcó en una guerra de cacahuetes con otro.

—¡Callad la boca o llamo a vuestros padres! —eso sí surte efecto.

—¿Qué pasa?

—Vamos a jugar a algo buenísimo.

—¿A qué vamos a jugar?

—A ponerle la cola al burro.

—¡Uf, qué rollo!

—¿No os gusta?

—¡Para nada!

—¿Y si jugamos al escondite?

—Esta casa es muy pequeña, una porquería. No se puede.

Conteniendo las ganas de estrangular al sincero enano, decimos:

—Entonces vamos a formar dos equipos para jugar a quién adivina más adivinanzas.

—¿Hay premio?

—Tal vez sí...

—Yo si no hay premio no juego.

—Yo tampoco.

—Bueno, hay unos caramelos...

—No me gustan: yo no juego.

—Bueno, vamos, formad dos equipos: vosotros diez de mi lado. Y tú, Pablo, elige a los que van para tu equipo.

—¿No puedo elegir yo?

—Dije Pablo.

—Yo con Pablo no juego.

—Yo tampoco.

—Yo a esto no juego.

—¡Seño, Pablo no me elige! ¡Dile que me elija!

Y Pablo dice:

—No lo elijo porque pega.

—¿Quién pega? —dice el que pega, amenazando a Pablo con el puño en alto.

—¡Basta! Con vosotros no se puede jugar en grupo. Voy a contaros adivinanzas.

Entonces una se pone a recitar sintiéndose absurda, contando adivinanzas que todos conocen o que no captan ni con cien ayudas. Los chicos se empiezan a aburrir, hasta que una se encuentra de repente dictando sola adivinanzas a un chico que aún no se escapó porque perdió un zapato debajo de la mesa.

El estruendo de vidrios partidos nos hace gritar:

—Venid todos para aquí ahora mismo... ¡vamos a bailar!

Después de barrer la jarra de naranjada que hicieron trizas, y exclamar cuarenta veces «Cuidado con los vidrios» a los chicos que se acercaban con una fascinación morbosa a observar de cerca los destrozos, volvemos al salón:

—¡Vamos a jugar al baile de la escoba!

Todo sirve para que se maten todos a escobazos, y lloren treinta que quieren tener una escoba, sin acabar de comprender que el que baila con la escoba pierde:

—¡A mí no me importa perder! ¡Quiero una escoba!

—Otro estruendo de vidrios rotos. Ahora tiraron una frutera de cristal de la cocina, por querer treparse a la mesa.

—Los que tienen escobas... ¿qué tal si barren este desastre? ¿BARRER? A la sola mención del verbo todos arrojan bien lejos las antes preciadas escobas y se termina el juego.

Una mira el reloj: ¿Qué pasa que el tiempo no corre? ¿No tendrían que ir llegando los padres ya? Pero falta un montón. Una se siente tentada de ponerles un vídeo y se acabó, pero nos da la impresión de que no queda muy bien invitar a los chicos a un cumple para ver la tele. Justo cuando estás pensando en algún otro juego ves que todas las paredes de la casa tienen huellas de manos multicolores. Sigues el rastro para ver de dónde sale y resulta que el cumpleañero y media docena de chicos están estrenando los potes de pintura para pintar con los dedos que le acaban de regalar. Todos tienen las manos azules, rojas y verdes y están dejándome la casa del mismo color. Los mandé al baño corriendo y me lo dejaron hecho una pintura multicolor de Jackson Pollock. Entonces decidí que ya era hora del bendito vídeo.

—¡Vamos a ver una película!

—¿Cuál, *La novia de Chucky?*

—No, esa no es para chicos —aclara una.

—Es la única que miro...

—¿No tienes *Crímenes Sangrientos 3?*

—¡Yo quiero ver *Piraña!*

—¡Yo una de Disney!

—¡Qué plomo, esa no!

Ahí supe que había tenido una idea genial: los chicos se pasaron la media hora que faltaba hasta comer el pastel discutiendo acerca de qué película ver y no vieron ninguna; prendimos las velitas, escupieron la torta al soplarla y se pelearon por las trampas que hicieron algunos con la piñata.

Cuando los padres llegaron, yo me sentía como si me hubiera pasado un camión por encima.

En otro cumple probé contratando animadores para fiestas infantiles. Pero tampoco es la panacea universal: tienes que controlar de la misma manera que nadie ponga al gato en el lavarropas, que no invadan tu habitación y se pongan tus collares, que no te revienten los rosales a golazos y muchas veces encuentras chicos en un rincón de la casa que pasan de ver el espectáculo:

—¿No van a ver al mago y al payaso?

—No, ya los conocemos. Son los mismos que estuvieron en el cumple de Agustín. ¿Podemos usar el ordenador para navegar en internet?

Otra manera de celebrar un cumpleaños es alquilando un espacio en un salón de fiestas o en una hamburguesería. Sale un poquito más caro y la ropa se mancha con ketchup, pero al menos al día siguiente no tienes que andar sacando caramelos pegados en el sofá, las toallas, las cortinas y el gato.

TODOS EN CASA NUNCA MÁS

Ya lo probé. No lo aconsejo, salvo que una esté pasando por una prueba para saber hasta que punto se puede aguantar sin dormir. Todo se reduce a que durante una noche unos amiguitos de tus hijos vienen a tu casa dispuestos a fastidiarte. Se inventan toda clase de disparates como:

hacer una guerra de almohadones, bajarse los calzoncillos o llenarle la boca de dentífrico al que se queda dormido. A las tres de la mañana de un día agitado yo decreté, al más puro estilo hitleriano, que si no se dejaban de molestar y se dormían de una vez, llamaba a los padres y les decía que se los llevaran urgente por maleducados. Ellos se calmaron, y después de una breve guerra de torta de chantilly en el cuarto de mi hijo, reinó la paz. Y una cree que finalmente puede dormir. ¡Pero se levantan todos a las siete, como si tuvieran que ir a trabajar! Y los padres los pasan a buscar recién al mediodía de un día en que no existimos de verdad, sino que nos deslizamos como zombis por la casa:

—¿Cómo fue? —dicen los padres cuando vienen a buscar a sus diablillos.

—Ellos se lo pasaron bomba. Yo dormí tres minutos. Y si no os vais ya, os paso los gastos por destrozos varios.

La Fiesta de los Quince años

Una amiga le dijo a su hija cuando cumplió quince años:

—Julieta, tú eliges... Para tu cumpleaños número quince... ¿Prefieres que te regalemos un viaje a Disneyworld con tu amiga o una fiesta?

Obviamente, le dijo con la intención de que su hija escogiera la primera de las dos posibilidades. Pero su hija, como todas las chicas, dijo:

—Una fiesta, mamá.

Y ahí empezó el baile.

No sé a quién se le ocurrió festejar por primera vez los quince años como si se tratara de una gran boda donde lo único que falta es el novio. Comprendo mejor la celebración, donde los hebreos reconocen que el hijo de trece años deja la infancia para convertirse en hombre.

Pero las chicas de quince, ¿qué festejan? ¿La llegada de la menstruación, el acné y los novios en edad del pavo?

Durante todo el agotador proceso de preparativos para la fiesta, las madres tenemos gran parte del poder de decisión. Por supuesto, contamos también con la opinión de nuestra hija, el problema es que generalmente opina lo opuesto que una.

Hablemos del lugar donde vamos a celebrar su cumpleaños. Tenemos el cuartel de bomberos del Besós gratis porque nuestro primo es bombero, o podemos alquilar una casona en Pedralbes. Nuestra hija, como es de suponer, va a hacer pucheros día y noche hasta que no alquilemos la casona de Pedralbes.

El padre de la cumpleañera es como un novio antes de casarse: no corta ni pincha mucho en la elección. No decide la comida, ni la música ni el lugar.

Pero es él quien tendrá que pagarle a la modista.

Una empieza calculando hacer una fiesta para los amigos más íntimos de la nena. Pero ella quiere invitar a todos sus compañeros de clase, más los chicos de la academia de inglés, más todos los parientes de las ramas materna y paterna y los amigos de sus amigos que juegan al rugby, porque hay uno que le gusta. Y para lograr que venga ese bombonazo sin hacer su interés tan evidente hay que invitar a otros ocho jugadores. A la familia no se la puede dejar fuera: todos querrán estar ahí. No todos los días hay fiesta, ¿no?

Entonces nos queda decidir: ¿Nos animamos a elaborar 500 sándwiches con nuestras manos? ¿O contratamos un servicio de catering o una cena buffet?

—Mami, no seas pesada. Te mato si te pones hacer cazuela de riñones o tarta de calabacín para cien personas...

—¿Y pizzas, nena?

—¡MAMÁ!

Una se tiene que encargar entonces de hacer el trabajito de ir comparando servicio de catering con servicio de catering, y hablar con organizadores de fiestas que nos muestran interminables menús con comidas de nombres inenarrables y tan crípticos como «Blanc de Poulet Chaud Froid avec des Pommes de Terre noisette Demi Glasse Lyonnaise» que no es otra cosa que un milimétrico trocito de pollo frío con tres patatitas al costado, y que cobran según la longitud del nombre que le pusieron, a razón de un lingote de oro por letra.

«Con un tercio de este dinero preparo un potaje para mil personas», piensa una. Pero claro, un potaje no queda tan fino como el «Blanc de Poulet, etc., etc.».

Como los sandwichitos y las patatas fritas ya pasaron a la historia y ahora sólo se usan para servir en cumpleaños infantiles, la opción es contratar un carísimo y desabrido servicio de cena o no festejar los dulces quince de nuestra hija con la pompa que ella espera.

—Mamá, piensa una cosa —nos dice la nena—. Si nunca me caso, al menos tuve una fiesta de quince como corresponde. Por una noche me habré sentido la reina... ¿no te parece motivo suficiente para hacerme una fiesta inolvidable?

¿Le vamos a decir que no? ¿Y si de veras nunca se casa? Porque con el ejemplo de matrimonio que le dieron sus padres tal vez jamás quiera hacer algo semejante...

La culpa nos remuerde la conciencia y nos hace decir un impensado:

—Está bien, hijita. Hagamos una fiesta de quince con todo.

Y sin tiempo para respirar nuestra hija salta diciendo:

—Vale: ¡necesito un vestido alucinante!

Pídele un vestido a lo Briney Spears

El otro paso es que nuestra hija quiere lucir lo más parecido posible a una Barbie pero con onda. Y la Barbie no tiene onda. Ella quiere algo lujosísimo pero sencillo. Lánguido como el de una dama medieval, pero ultramoderno. Que la haga delgada, pero que le destaque sus formas. Algo inocente, pero sexy. Que sea sencillo, pero que impacte a todos. Que muestre mucho, pero sin transparencias ni escotes profundos. Y una quiere un pasaje de ida a Katmandú.

¿Cómo resolver el dilema? Mirando muchas fotos en revistas y decidiendo al fin:

«Quiero exactamente el modelo que tiene Briney Spears en esta foto». Eso es lo que nuestra hija le dice a la modista. Y la modista le hace algo que a la nena la hace llorar a mares porque a ella el mismo vestido no le queda como a Briney Spears.

Para empeorar la situación, la bruta de la modista —que de psicología sabe muy poco, porque si no, no se dedicaría a coser le dice:

—Querida, lo que pasa es que la Spears tiene más tetas que tú, por eso a ella le queda de otra manera —lo que sólo logra hacerla llorar con más fuerza.

—¡Estoy horrorosa!

Lo que provoca que el mismo día de la fiesta hay que correr a para comprar un vestidito sencillo para una chica sin tetas, y al mismo tiempo publicar un aviso que diga «Canjeo vestido de quince estilo Briney Spears, sin uso, por CUALQUIER cosa sin un corpiño armado».

El peinado es otro tema. La peluquera —ilusionada con la idea de atender a una quinceañera— se entusiasma tanto que le llena la cabeza de bucles y ricitos que sólo logran que nuestra hija. llore más que por el vestido:

—¡Estoy ridícula!... ¡Parezco Shirly Temple—No es cierto, mi amor —decimos, pensando que en el fondo se parece más a un cruce entre Shirly Temple y un gracioso perro caniche. Pero si se lo decimos, se muere y después de morirse nos mata.

Una vez en casa, ella se aplastará con agua caliente el peinado que costó cuatro horas de trabajo y veinte días de sueldo, para lograr una apariencia más natural.

El hermano la mira sorprendido y empieza a decir:

—Juli... Tienes el pelo como rar...

Y una le salta encima como una pantera atacando y le tapa la boca con la mano mientras le grita en secreto:

—¡Si le criticas algo te mato!

Ya no hay tiempo ni para comprar pelucas.

Para colmo, todavía hay que llevar al salón el árbol dorado de los mensajes que a ella le llevó meses hacer: unas ramas pintadas de dorado con papelitos enrollados sobre unas bases para poner velas. Su romántica idea es ir llamando a amigos y parientes uno por uno, para que cada uno encienda una vela en representación de lo que la ayudaron a crecer. La idea es preciosa, pero una teme terminar incendiando el salón y los comensales. Pero si la nena quiere... ¿Tendrá seguro de vida incluido el salón?

Hay que pensar en filmación, en fotógrafos, en souvenirs, en disc jockeys...

Por suerte, la madrina —especialista en hacer tarjetas graciosas— dijo que se encargaba de hacer los souvenirs.

«Ahorrémonos el fotógrafo», dijo un padre que en el momento previo a la fiesta sacó 76 fotos de su hija frente al espejo de la cómoda, de perfil contra la cortina, de medio perfil con un ramo de flores, debajo del sillón, debajo del ramo de flores y detrás de la cortina.

—¿Estás emocionada, mi amor? —preguntó el padre-fotógrafo, con un lagrimón a flor de párpado—. ¿Estás llorando?

—¡No, papá! ¡Me entró rimel en el ojo!

El día «D»... de Despelote

Alguna estúpida convención hace que la gente esté instalada en la fiesta antes de que llegue la quinceañera del brazo del padre con alguna canción romántica molestando a los invitados.

Todos dirán que la nena está preciosa, y la fiesta hubiera transcurrido bien si no fuera por los rugbiers que se vinieron en jeans y camiseta y se tiran panes y corchos en franca guerra contra la mesa de los compañeros de la escuela de la cumpleañera.

Por intentar que todo esté bajo control y que la chica no se pise la cola del vestido, una se pasa la noche parada saludando gente, ofreciéndose a llenar platos vacíos y controlando que los varones de quince no hagan demasiados estragos ni les falten el respeto a las tías abuelas. Los nervios propios además de los de nuestra hija nos impedirán probar bocado y verificar si la comida valía lo que nos cobraron por ella.

«El sol nos dice que llegó el final...»

El vals es una parte de la fiesta en la que nadie quiere participar pero todos terminan haciéndolo, si es que mover los pies de derecha a izquierda y pisar al compañero de baile puede llamarse «bailar el vals», un momento emotivo que sirve para demostrar que una no es la única patosa.

Con la parte del árbol dorado, las velitas y los mensajes de amor todos se emocionan, menos los hermanos de la quinceañera, que le hacen muecas burlonas desde el fondo —y la sección más salvaje de la escuela, que, a juzgar por los cantitos y alaridos, parece que se confundió de destino, y entró a la fiesta creyendo que entraba en un campo de fútbol.

Luego viene la parte del flamenco, que está diseñada para corroborar que la alegría es sólo sevillana: todos armarán infinitos trencitos, puentecitos con los brazos, rondas, zapateados y palmadas para empujarse a lo loco, pisotearse de lo lindo, transpirar haciendo sonar pitos y matracas, y dejar a la miseria el vestido de la quinceañera, que a esa altura ya se está preguntando por qué cuernos no eligió ir a Disney con su amiga.

Cuando ya están todos atiborrados de champagne, café, bombones y torta hasta las orejas, lo que sucede generalmente es que el disc jockey —otra vez— es quien decide cuándo termina la cosa, y opta por regalarnos los acordes de la voz de Frank Sinatra cantando «New York, New York», que no sé quién fue el que determinó universalmente que sirve para indicar: «Terminó la fiesta. Váyanse todos». Conozco un caso en que los invitados no se dieron por aludidos, un amigo músico cogió la guitarra y empezó a cantar cosas de Serrat y Julio Iglesias, que fueron coreados por los que quedaban, hasta que el mismo encargado del salón empezó a apagar las luces, cerrar postigos, bajar persianas y hacer tintinear alevosamente su manojo de llaves, repitiendo «Ejem, ejem», como quien sufre de una carraspera pertinaz.

Tuvieron que batirse en retirada, antes de que los mozos les dieran vuelta a las sillas y les barrieran los zapatos. Siempre queda olvidado algún varón en el baño, vomitando cava, mientras que fuera lo esperan otros grandullones practicando patinaje sobre hielo con bloques que los mozos tiraron a la calle.

Al final de la fiesta sucede que una se acerca a su hija y le pregunta:

—¿Qué tal, cielo? ¿Te gustó la fiesta? ¿Lo pasaste bien?

Y que ella nos sorprende llorando a moco tendido:

—¡Buaaaaá!

—¿Qué te pasa, mi amor?

—El chico que te dije, el que juega al rugby... ¡se pasó toda la noche charlando con Marina, esa chica que no soporto y que invité por compromiso! ¡Y a mí ni me miró!

—Ése era un tarado que se pasó la noche tirándole comida encima a todos y colándose en la fila y pisando a tus tías al bailar con la gracia de un orangután borracho. Encima es un ordinario y no saludó a nadie, ni al llegar ni al irse.

—¡Pero a mí me gusta! ¡Buaaaá!

Bueno, al menos la fiesta nos habrá servido para ir preparándonos. Ya nos vamos enterando de la clase de yerno que nos tocará aguantar. A nuestra hija, la princesita adorada, le gustan los tipos brutos y con aspecto de orangután borracho. Pensándolo bien, el padre, ¿no es un poquito así a veces? ¡Ay, ay, ay! ¡Edipo nunca falla!

TIPOS DE MADRES

Aunque madre hay una sola, cada cual tiene su estilo. Hay miles de clases de madres, cada una diseñada para criar a su hijo de la mejor manera, y de modo tal que cada uno de ellos recuerde eternamente el modelo de su madre, para tomar el recaudo de no criar jamás a sus hijos como su madre lo hizo. Y fallar en el intento.

Estas miles de madres son combinaciones y recombinaciones de estos distintos arquetipos maternos combinados con distintos tonos de tinte de pelo y distintas alturas de tacones de zapatos.

Estudios recientes de la Universidad John Hopkins, de Baltimore (y si no fue ésa, que investigó hasta el Edipo de los monos, fue alguna por ahí cerca) determinaron que los tipos básicos de madre típica son los siguientes. Ah, se advierte que la madre que no se siente identificada con ninguno de ellos se adhiera sin pensarlo a cualquiera al azar. Caso contrario sería considerada un ejemplo típico de Mala Madre o, peor aún, de Desmadre.

MADRE SACRIFICADA

Su frase favorita es: «¿Tienes una idea de lo que yo dejé de lado para criarte? ¡Te entregué los mejores años de mi vida, Vicente Natalio!», tomada de una telenovela colombiana donde todos los personajes parecen clones de ella.

Desde el momento en que puso su útero al servicio de la procreación, no hay una célula de ella que haya funcionado para otra cosa que no sea la reproducción de la especie y el crecimiento feliz y completo de sus hijos. Ella pudo haber sido campeona de atletismo, pero prefirió zurcir calcetines. Pudo haber sido concertista de piano, pero eligió quedarse en casa sacando piojos. Pudo haber sido ingeniera en sistemas, pero eligió revolver sopa de avena. Como vemos, más que madre sacrificada es una estúpida. Espera que cada hijo le esté reconocido por cada media zurcida, cada piojo quitado y cada sopa servida. Y cada hijo suyo crece sintiendo que su madre hubiera sido infinitamente más realizada limpiando inodoros para una empresa extranjera antes que quedarse arrullando aburridas canciones de cuna a un hijo ingrato que da por sentado que ella tenía que estar ahí para atenderlo, pase lo que pase. Pasa el tiempo y ella sabe que si no hubiera tenido hijos hubiera sido presidenta, reina, Premio Nobel o artista famosa. Pero bueno, prefirió sacrificarse. Y el mayor placer reside en saber que algún día los hijos aprenderán con su ejemplo y harán lo mismo que hizo ella: pudiendo ser médicos, ingenieros o arquitectos, se quedarán en casa sacrificándose junto a los retoños.

MADRE GRITONA

Es la que entendió demasiado pronto que no importa cómo se le digan las cosas a un chico: él las ignorará. Y, como si una habla bajo la familia habla fuerte, sucede que todos se acostumbran a hablar fuerte, entonces ella tendrá que gritar para imponerse. «Grito, luego existo» es su lema. Cuando habla normalmente, los chicos preguntan «¿Dónde está mamá?», aunque la tengan adelante. Los habitantes de países fronterizos han presentado denuncias por ruidos molestos y la perra parió cachorros con forma de signo de exclamación. Ella manda los mails escritos con mayúsculas y escribe sus informes para el trabajo con caracteres cuerpo 48.

Todos los vidrios de la casa se rajan cuando ella se enoja. Y después de los enojos, hay que escucharla gritando con voz tan ronca que suena como la de un *Tiranosaurio* atragantado con Montserrat Caballé. Pero la afonía le dura poco, porque como en su casa nadie se mueve si ella no grita, al rato ya está chillando con toda la fuerza de sus pulmones. Lo peor es que a los chicos todo lo que ella dice (a los gritos) les entra por una oreja y les sale por la otra. Convendría avisarle que trabajar como cantante en el coro de Enrique Bunbury sería menos fatigoso y más rentable.

Madre culpógena

—¡Mamá, me saqué un 9!

—¿Y por qué no un 10?

Éste es el diálogo que pinta de cuerpo entero a la madre imposible de complacer. Será imposible hablar con ella sin ofenderla, convivir con ella sin decepcionarla o caminar sin pisarla. Nadie sabe exactamente cuáles eran las aspiraciones que ella abrigaba para su familia. Pero siempre superan los logros de sus hijos. Tampoco nadie sabe qué trato espera de parte de ellos, que aunque la rodeen de rosas, perlas y caviar nunca darán en el blanco de sus deseos. El problema es que ella misma no sabe lo que quiere, y no quiere lo que creía que quería, así que para ella ser feliz es un estado que se puede conseguir... pero tal vez en Plutón, nunca en esta tierra. Y, por supuesto, con otros hijos más parecidos a los de los reyes de Holanda. Es la típica madre que si le regala a un hijo dos corbatas —una azul y una roja— y lo ve usando la roja, le pregunta: «¿La azul no te gustó?». Es la que atormenta a su hija diciéndole:

—Qué mala que eres, ayer no me llamaste para felicitarme...

—¿Qué pasó?

—¡Cómo puedes olvidarte! ¡Era el santo del perro! La vida de estas madres está totalmente plagada de desgracias. Y sus hijos son los culpables de cada una de ellas. Si sufre dolores de espalda, es por las toneladas de ropa que tuvo que planchar parada o porque los hijos mayores no la llevaron a pasear, o no le arreglaron el sillón vencido. Si está resfriada, es porque la llevaron a pasear, y ella tenía frío. Si está deprimida, es por culpa del hijo que no escuchó sus consejos tan útiles.

—Mamá, me quiero pegar un tiro...

—¡Ja! ¿Qué tendría que decir yo, que me duele el juanete?

—Pero estoy mal, en serio...

—¡Con todo lo que hice para que fueras feliz, y así me pagas!

MADRE HIPERCRÍTICA

Es como la madre culpógena, pero un poco peor. La diferencia es que la madre culpógena siempre hace que la conversación vuelva hacia el tema más fascinante del Universo: ella y sus penurias. La madre hipercrítica llena a sus hijos de culpas, pero da un humilde y tímido paso para observar permanentemente cómo ellos logran desarrollar la habilidad de estropearlo todo.

No hay manera de complacer a esta madre. Podemos ser presidentas, premios Nobel, madres perfectas, pero siempre estaremos fallando en algo: «Los chicos tienen las uñas sucias», «Esas medias no te pegan con el vestido», «Párate derecha», «Tu discurso fue demasiado largo», «Tu vacuna anti-sida llegó veinte años tarde», «Esos pendientes son demasiado largos», «Tus medidas económicas para frenar el desempleo apestan», etc. Desde chiquitas aprendimos que no había manera de ser lo suficientemente educadas, prolijas o estudiosas para ella. Este tipo de madre te hace sentir como una cucaracha. Y lo peor es que una se acostumbra tanto a esa sensación, que se termina enganchando con tipos que la desprecien tanto como la despreció mamita, hasta que —luego de varios divorcios y años de terapia— se lía con el tipo que la ignora tanto como para, al menos, no criticarla como lo hacía mamita.

—Mamá, me voy a tirar por la ventana.

—Eso es una idiotez... ¡No me hagas pasar vergüenza! Este tipo de madres tiene la ventaja de que consigas llegar a ser una persona de éxito en lo suyo, porque te pasas la vida intentando en vano impactarla, conformarla, complacerla o arrancarle el imposible «Te felicito, hija». Pero es en vano. Fíjate en la madre de Woody Allen: el hijo le muestra sus trofeos y ella sólo puede comentar:

—La plaqueta no es de buena calidad. Y además fue una lástima que no fueras farmacéutico.

MADRE DISTANTE

Ella tuvo a sus hijos casi por casualidad. Es tan difícil entrar en contacto físico con ella que una imagina que tuvo partos fáciles y rápidos con tal de no pasar demasiado tiempo acostada junto a un hijo.

Cuando el bebé es chiquito, prefiere que cualquiera lo tenga en brazos, menos ella. Sus hijos no son malcriados: ya saben que no vale la pena llorar, porque mamá es inconmovible. Los abrazos le dan calor o le arrugan la ropa y los besos la despeinan o le estropean el maquillaje, así que la mejor manera de comunicarse con ella es a través de mensajes pegados con imanes en la puerta de la nevera, algo muy acorde a su frialdad.

Cuando los chicos pasan mucho tiempo en casa, ella se las ingenia para escaparse lejos en viajes de negocios, vacaciones improvisadas o larguísimos entrenamientos de tenis o cursos de pintura en madera. Sólo es feliz cuando los hijos entran en la adolescencia y ella puede decir: «Ellos ya hacen su vida». Nunca les pregunta si llevan la chaqueta o a qué hora van a volver. En esa época de la vida suelen ser madres ideales, porque lo que preguntan generalmente es: «¿Tienes suficiente dinero para IRTE?». Las madres distantes impulsan a sus hijos a salir de campamento, hacer intercambios estudiantiles y visitar a los tíos que viven en el exterior. La ventaja de estas madres es que crían hijos muy independientes.

MADRE SOBREPROTECTORA

Si por ella fuera, cuando estaba embarazada se hubiera metido dentro de su propio útero para saber si el nene estaba abrigadito y si la placenta lo alimentaba como corresponde.

Vive sintiendo que a sus hijos siempre les está faltando algo: calcetines más gruesos, chaquetas que abriguen, hierro en la alimentación, persianas en las ventanas... Su vida está llena de temores: «No te subas ahí que es peligroso», «No corras con la bici», «No vuelvas tarde», «No confío en esa novia tuya», «Estás descuidando a mis nietos», etc. Y generalmente, le pidan lo que le pidan sus hijos, su repuesta es «NO» para todo excepto para un segundo plato de comida, que siempre sirve gustosa. Vive a través de sus hijos de una manera simbiótica que las lleva a hablar en primera persona, como Maradona: «Mamá está triste... mira lo que me haces» o «El nene no me come».

La maternidad para ella es un apostolado del cual se figura que recibirá algun trofeo o medalla de oro si logra que sus hijos pasen la infancia bien alimentados, vestidos, cuidados y sin sufrir un rasguño en sus frágiles cuerpecitos.

Suelen tener hijos asmáticos, asfixiados por tener siempre a la madre encima. La ventaja es que si un hijo dice «me siento un poco cansado», ella ya lo está dejando en casa, metido en la cama con mantas hasta las cejas, mirando dibujitos animados y tomando un delicioso juguito de naranjas repleto de vitamina C. Y si su hijo cumplió los cincuenta y no quiere ir a la reunión de directorio, ella estará allí para arroparlo, ponerle el termómetro, alquilar vídeos y exprimirle el juguito repleto de vitamina C. Te puedes quejar de cualquier cosa, acerca de esta madre, pero nunca podrás decir que no te ha prestado toda su atención.

MADRE NARCISISTA

Prefiere que le digan: «Nadie lo hace como tú» a que le digan «Te quiero». Quiere ser especial, única y destacarse en todo lo que hace. Tiene la casa tapizada con fotos de ella y sus hijos, y logra formar en su prole un espíritu de clan cerrado que impide que nadie pueda meter las narices sin sentirse un sapo de otro pozo. Por ende, es la peor clase de suegra.

Su mejor amigo es el espejo y todo aquél que esté dispuesto a aplaudir sus platos, sus ideas y sus modelitos.

Puede pasar horas hablando acerca de todo lo bien que ella hace las cosas para con su familia y sus hijos. Se aburre mortalmente si se habla en una conversación cualquier tema que no sea su propia persona, su vida y sus juanetes, momento en el que empieza a aburrir mortalmente a los demás. Sus hijos son lo mejor del mundo. Pero no porque sean buenos, sino porque son DE ELLA.

MADRE NUTRICIA

Para ella, la comida es una forma masticable del amor. Y por eso se siente incómoda si no ve que sus hijos estén masticando algo a toda hora. Tampoco está tranquila si la nevera no está tan llena como para que algo se caiga al suelo cada vez que se la abra. Los almuerzos y las cenas son un ritual sacrosanto del que nadie puede sustraerse hasta lamer hasta el fondo del plato del postre. Jamás se conforma si un hijo come menos de dos porciones, lo que asume con la culpa de haber cocinado mal. Lleva mentalmente los cómputos de las calorías y vitaminas (en unidades universales de medida) ingeridas por cada miembro de la familia, y siempre trata de compensar escrupulosamente que cada uno coma hoy lo que no comió ayer ni comerá mañana. Para ella los moretones, los caprichos y las frustraciones se curan de una sola manera: con comida. Según ella, hasta la indigestión se cura tomando algo: «Un purecito, un caldito, un lechoncito... ¿qué te preparo?».

No sale a la calle sin la cartera llena de víveres, lo que tampoco impide que haga rico a cada quiosquero que se encuentre por el camino.

Es capaz de poner tarta de espinacas en la fiambrera del hijo que ayer no comió lentejas, para que no se pierda su cuota de hierro, mientras le enchufa un yogur al que no tomó la leche. Y lo hace a sabiendas de que la fruta que los hijos llevan al colegio termina sirviendo de pelota de fútbol o en la basura. Su imaginación no tiene límites para justificar lo que cada hijo tiene que comer. Los convence de que los fideos hacen correr, la lechuga mejora la caligrafía, los pomelos ayudan a hacer goles y las zanahoria tienen vitamina Z que ayuda a ver bien en la oscuridad.

—Má... ¿Y si dejo las zanahorias y enciendo la luz, y listo?

—Tú cómete la zanahoria y cállate.

Tiene argumentos para todo:

—Cómete la banana que tiene potasio.

—No quiero banana.

—Pero necesitas el potasio.

—Igual. Ni loco la como.

—La tienes que comer. La falta de vitamina C produce escorbuto y se te caen todos los dientes. Sin potasio te puede pasar algo igualmente horrible.

—Damián no come bananas ni vitamina C y nunca se enferma.

—Vale, ¡cómete la banana o no vas nunca más en la vida a jugar a la casa de Damián!

A sus gordos hijos les resulta virtualmente imposible adelgazar a su lado. Pero la ventaja es que sus rollos son de la grasa más sana.

MADRE OBSESIVA

Ella comprueba veinte veces al día que las estufas funcionen bien, que las ventanas estén abiertas al punto justo de ventilar todo sin que se enfríe la casa, que el bebé tenga el pañal limpio, que no haya pelusas en el suelo, que la puerta quede cerrada con llave antes de ir a dormir, que los cubos y los cochecitos estén ordenados por tamaño y color, y que cada uno de sus hijos crezca sano y seguro. Lo que no comprueba es que ella misma no esté volviendo loco a todo el mundo. El mundo para ella es un sitio frágil que puede desmoronarse como un castillo de naipes si ella no lo vigila, lo mira fijo y lo cuida personalmente. Parte de la supervivencia cotidiana consiste en ordenar la ropa por tonos de color y largo de manga y sufrir ataques de nervios si un hijo pone un calcetín en el cajón de los calzoncillos.

Por alguna razón, la madre obsesiva está convencida de que si ella no está allí para controlar todo, sus hijos mueren de inanición, de frío o aplastados por un satélite espacial ruso que ella —por no estar ahí— no pudo detectar a tiempo.

No se conforma con nada que esté menos que perfecto y limpia todo lo que permanezca quieto durante más de cinco minutos. Ni qué hablar de los horarios: todos tienen que estar listos para salir en la puerta de casa, aunque falten tres horas para el turno con el médico, que vive a dos manzanas. La madre obsesiva sería una buena madre si no fuera porque las sirvientas no le duran ni una semana. ¿Cómo aguantar a una patrona que les critica todo lo que hacen?

MADRE HIPPY

A ella lo mejor que le puede pasar es que la dejen tranquila, meditando entre sahumerios. Sus hijos están vestidos con horribles pulovercitos tejidos al crochet y pantalones de bambula aunque hagan diez grados bajo cero de temperatura. Ella anda en sandalias de cuero mientras ellos están descalzos. En casa ella les corta el pelo a todos, y por eso toda la familia tiene un aspecto ligeramente animal, de perritos rapados.

Todo en su vida es absolutamente natural y macrobiótico. Por eso los chicos andan flacos como náufragos: ellos ya no pueden ni ver el tofu con aceite de sésamo. Cura a la familia con tisanas y sólo lleva al hijo al médico cuando ya estuvo una semana con 40 de fiebre, y en vez de antibióticos le da flores de Bach, Raff o California. Amamanta a su bebé hasta que le pican los bigotes del nene y la novia del chico empieza a protestar por la lactancia extendida. La leche le sale con gusto a pachuli. En su casa no entra nada refinado ni enlatado, y decir «chorizo con pan» es mala palabra. Por eso su familia sólo tiene acceso a lo que sea integral: harina integral, arroz integral y psicosis integral. Los chicos son «raros» porque son los únicos del país que no tienen tele. El padre, en vez de trabajar, toca la guitarra y amasa unos panes de gluten duros como rocas. La ventaja es que son pacíficos, solidarios y que a los hijos ya mayores los dejan dormir con la novia en un colchón en el salón.

MADRE SEXY

Es igual a una muñeca Barbie: toneladas de pelo falso, cara pintada como una puerta y cuarenta años bien cumplidos. En realidad se parece más a «la mamá de la Barbie», pero no se lo digas porque se ofendería: ella quiere ser una eterna adolescente. Todos sus desvelos circulan en lucir impecable para la foto, porque una nunca sabe cuándo le pueden llegar a sacar una foto. Los chicos pueden estar vestidos con harapos, pero no importa: no se puede gastar en vestidos y zapatillas nuevas cuando ella aún no se compró su perfume favorito y no fue a la peluquería. Está siempre a la moda y se viste como para una fiesta cuando va a buscar a los chicos al colegio. Nada le importa tanto en la vida como lograr recibir un piropo cada tanto. Los hijos se alimentan con lo que encuentran en la nevera mientras ella va a mirar tiendas, va al gimnasio o va a tomar té con las amigas pitucas de siempre para que le digan «Estás bárbara, Barbie». Se deprime durante meses si no le entra un pantalón, y se mira en todos los espejos. Suele competir de una forma directa con las novias de sus hijos varones y caminar provocativamente delante de los amigos de sus hijas mujeres. Su preocupación por evitar que se evidencie el paso de los años la lleva a ser cada vez menos madre y decir: «Yo de mis hijos soy más amiga que madre». Y no se da cuenta de que está dejando un tendal de huérfanos a quienes les sobran amigas, pero no encuentran una madre adulta.

MADRE JUGUETONA

Ella conoce al dedillo cada etapa evolutiva de los niños. Sabe que el placer que sienten los bebés al esconderse y la gracia que les causa el «Cucú... Acatá» se debe a su idea de que las cosas persisten aunque no se las vea, cosa que Freud llamaba el «Fort-Da» y que conviene repetir hasta que el bebé sepa que mamá no se va. Por eso, ella no tiene problemas en tirarse del balcón y subir en camilla todas las veces que sean necesarias para que el nene sepa que siempre podrá contar con mami.

Es capaz de rodar por el suelo, hacer vueltas de carnero, saltar como un conejo, trepar como un mono y dejarse caer agotada como una morsa. A los chicos les sirve de montura haciendo de caballo, elefante, y burro de carga... aunque en esto último, precisamente, no se diferencia de lo que hacen otras madres. Los ayuda a jugar con barro y agua, y a hacer divertidas sesiones de dáctilopintura con tempera y harina. Los chicos lo pasan bárbaro. La casa es un asco y cuando tienen hambre, nadie tiene idea de qué se puede comer porque mamá está ocupada con un rompecabezas gigante. Pero el amarillo de cadmio tiene un sabor bastante decente. Hasta que los hijos no cumplen los treinta años, no paran de hablar de «¿Qué quele mi nenichu? ¿Mamo a come la papita lica con mamaaaá? ¿A ver cómo abre la boca, que está por aterrizar el avioncito? Ahí viene el avioncito lindoooo», mientras le enchufan a los grandulones en la boca las costillas de cerdo hechas con mucha cebolla y «ajo».

MADRE PROFESIONAL

Nunca tiene tiempo para nada. Es más accesible por teléfono que personalmente. La ventaja es que siempre está bien vestida y a la moda, porque al vivir fuera de casa sabe lo que se usa. La desventaja es que los hijos se la pasan comiendo sopas de lata y patatas en bolsa. Sabe cuántos puntos bajó el Dow Jones en la Bolsa de Nueva York, pero no sabe cuántos dientes le bajaron a su hijo en una pelea en la escuela. Sus hijos no le hablan: le mandan faxes. Gana su propio dinero pero nunca tiene tiempo para gastarla, así que el nivel de vida en la casa es el mismo de siempre. Los muebles están destrozados pero ella no tiene tiempo de ir a una tienda y cambiarlos. Lo que más le preocupa en la vida no es que el marido la deje o un hijo se enferme. Lo peor que le podría pasar es que la asistenta la deje o se ponga malo.

—Mamá, no sé cómo decírtelo. Pasó algo horrible: se fue de casa para siempre...

—¿Quién, la asistenta?

—No, papá.

—¡Uf, menos mal! ¡Qué susto que me diste!

MADRE INSATISFECHA

Ella quería tener hijos. Pero también quería tener una carrera, casarse con Mel Gibson y viajar por el mundo antes de tener que hacerlo con bastón.

La vida le cambió los planes: su marido es más parecido al tío abuelo de Mel Gibson que al mismo Mel.

Nunca hay tiempo ni dinero para viajar ni a la esquina, y cuando quedó embarazada dejó la facultad.

Quiso una familia grande, pero no contrata a una asistenta todo el día, porque le molesta tropezarse con una empleada al salir de la ducha y aprecia su intimidad. Pero si no tiene una muchacha trabajando la jornada completa, está todo el día protestando por lo cansada que está.

Quiere encontrarse con las amigas, pero no se anima a invitarlas a su casa antes de cambiar el piso, porque no le gusta. Tampoco se anima a ir a casa de ellas sin ir antes a la peluquería, porque tiene el pelo descuidado. Pero si va a la peluquería, sale llorando porque le tiñeron de un color horrible y le hicieron un corte calamitoso.

Si los chicos se quedan en casa, se queja del despelote. Si los chicos se van, se queja de que siempre la dejan sola.

Siente que nunca hace nada «para ella», entonces se anota en un curso de artesanías en papel maché y se queja de que todo le salió mal, que hizo un enchastre, que el profesor es malo y que la escultura que tenía que hacer la semana pasada no termina de secarse, y que en vez de meterse en eso hubiera terminado su último año de arquitectura que le quedó pendiente.

Se levanta a la mañana quejándose: «Estoy angustiada y no sé por qué... Tal vez tendría que terminar la facultad, pero ya me siento vieja para retomar las clases con compañeros de veinte años... Tampoco me convencen las clases de papel maché... Tendría que hacer terapia, pero no tengo tiempo... Y además quisiera hacer algo para mí, como gimnasia o tango... pero estoy muy gorda para hacer gimnasia y nunca vi una vaca bailando tango... No sé qué hacer...».

Después se pregunta por qué la familia le cierra la puerta en las narices o le dice: «Ay, mamá, calla». Pero no desesperen: generalmente todo se le pasa cuando escucha a su hija adolescente diciendo: «Estoy angustiada y no sé por qué... Tal vez tendría que terminar la facultad... Tendría que hacer terapia, pero no tengo dinero... Y además quisiera hacer algo como gimnasia o clases de salsa y merengue, pero me da vergüenza... No sé qué hacer...».

Seguro que la mamá insatisfecha se aviva y le dice: «Haz cualquier cosa pero ¡HAZ ALGO!».

Con suerte, se escuchará a sí misma. Y se dará cuenta de que los hijos siempre tienen una capacidad maravillosa para imitar a sus madres. En nuestras peores cosas.

LAS MADRES Y LAS COSAS (O LAS DIFERENTES MANERAS DE SER UNA BUENA MADRE)

Las principales diferencias en torno a la vida cotidiana de cada hogar se refieren a los siguientes ítems: trapos, toallas, platos, sobras y agua. Cada una de estas cosas, sencillitas como parecen, ocasionan increíbles enredos cuando chocan dos estilos diferentes, por ejemplo, entre hijos de divorciados que van de la casa de papá a la de mamá (y en cada una hay reglas distintas), entre suegra y nuera, entre madre e hija, entre dos amigas que comparten una casa en la costa durante el veraneo, entre cuñadas y entre marido y mujer. Esos elementos domésticos pueden ser motivo de divorcio y ocasionar distanciamientos irreparables entre conocidos.

TRAPOS

Los trapos son EL tema que marca las diferencias de costumbres entre madre y madre, familia y familia. Una vez que le hice una entrevista a la actriz Graciela Dufau, prestigiosa actriz argentina, me contó que en su casa el punto conflictivo es el trapo: su marido lo quiere siempre colgando de la puerta del horno, mientras ella siente que ese estandarte con berenjenas es poco digno y afea la cocina. ¿Cómo se soluciona? Uno lo saca, otro lo pone, otro lo saca, otro lo pone, según quién pasa por la cocina. Ésas son las cosas más entrañables de todas las entrevistas, y me las tengo que guardar, porque todos los medios se resisten a publicarlas.

La verdad del asunto es que hay dos tipos de madres según su relación con los trapos:

Hay *madres unitrápicas* (de un solo trapo) y *madres multitrápicas* (que usan varios trapos).

Las primeras son las que tienen un solo trapo para secar los platos, sacar las cosas del horno, secar un charco del suelo, limpiarle el puré de la boca al bebé y sacarle una mancha de la camisa al marido. Van usando con maestría distintos angulitos mojados del trapo como para no limpiarle con lejía la boca al bebé, ni ponerle puré en la camisa al marido. Suelen darle una remojada al trapo si está muy sucio y colgarlo en la puerta del horno para que se seque, hasta el próximo round.

Las madres multitrápicas tienen varios trapos, para multitud de usos diferentes: trapo rejilla para limpiar la mugre, manchones de salsa y pegotes, un trapo de suelos que se reserva sólo para el suelo, un repasador sólo para el agua que sobra de los platos recién lavados, y un trapo finito o servilletas de tela para limpiar exclusivamente la boca de los comensales.

Como podrán comprender, es un tema conflictivo. Si una madre unitrápica se junta con una multitrápica en la misma cocina, lo más probable es que terminen agarrándose de los pelos y prefiriéndose insultos soeces mientras se juran y perjuran no volver a verse más. La unitrápica no puede entender cómo la multitrápica la da más importancia a saber dónde está cada uno de sus trapos, que a saber dónde está cada uno de sus hijos, mientras que la multitrápica se horroriza de que la unitrápica le limpie la boca al nene con el mismo trapo sucio que minutos antes usó para sacar leche derramada, y se asquea al pensar que con el mismo trapo va a ensuciar los platos limpios, al secarlos con algo que chorrea leche y espinaca.

¿Dónde poner el trapo? Este es otro tema que provoca fuertes antagonismos. Luego de usarse, ¿el trapo debe enjuagarse y dejarse colgando en el grifo del fregadero? ¿O es mejor dejarlo colgando por el bordecito de la encimera? ¿Y si una quiere colgarlo del grifo, el otro quiere colgarlo afuera con pinzas, y otro opina que si el trapo en cuestión no cuelga de la puerta del horno, no existe?

El trapo usado, ¿se debe lavar con agua y jabón en el lavarropas? Hay madres que piensan que es la única manera de tenerlo limpio. Otras opinan que es un asco, que los trapos se lavan aparte con jabón, en un balde. Otras madres piensan que un trapo no está limpio si no estuvo tres horas en remojo con lejía.

Si se juntas las tres madres, cada una dirá que la otra es una roñosa, sólo porque lava el trapo de modo distinto. Y tú, ¿de qué lado estás? La que esté libre de culpas, que arroje el primer trapo.

TOALLAS

Hay madres que creen que una toalla está sucia cuando alguien acaba de secarse con ella al salir del baño.

Hay otra que opina que una toalla blanca no está sucia hasta que luce de un color marrón intenso.

Y hay familias que no creen que la toalla esté sucia hasta que no tenga trazos de caquita de un nene, que no estuvo el suficiente tiempo sentado en el bidet o hasta que no le meó encima el gato macho de la casa, que tiene algo personal con tres elementos caseros: el cubrecamas de la nena, las patatas de la canasta y la toalla del baño, en cuanto no cuelga de la percha.

Lavar un toallón después de cada baño es una exageración de pulcritud que sólo se puede justificar en gente tan sucia como para bañarse una vez por mes. Lavar las toallas una vez por mes, por el contrario, es una costumbre adaptable a una familia que al terminar de secarse se tenga que volver a bañar porque las toallas los ensuciaron. Yo personalmente soy de las que cree que un toallón puede durar una semana o cinco días, según el cuidado que se le dé y cuántos sean de familia en casa. Por eso es un tema que me provoca un escozor particular. Les tengo dicho a todos que si se secan sin arrastrar la toalla por el suelo, si no la dejan tirada por cualquier lado, si los pies mojados con polvo del piso pegado se los secan con otra toalla, si no se suenan la nariz con la toalla después del estornudo de rigor y si cuelgan la toalla inmediatamente después de usarla... podemos usarla unos tres o cuatro días más.

Por eso me saca de quicio, me vuelve loca, me impacienta y me TRAS-TORNA ver una toalla tirada en el suelo. ¿Nadie ve que después todos nos secamos la cara con una toalla llena de escupidas, mocos y mugre que trajimos de la calle en las suelas de los zapatos? Este tema me saca, perdón...

Si llego a compartir un veraneo en familia con una amiga que también es madre, y que considera que una toalla en el suelo seca igual que cualquier otra y es absolutamente reciclable, me tomo el primer autobús de vuelta y me voy sin saludar.

PLATOS

Los platos son un elemento básico de la casa. Redondos como una teta, son la prolongación de la lactancia, el alimento primigenio y maternal. Por eso es muy importante saber cómo los usa cada madre.

Hay casas donde se come con platos de porcelana todos lo días. Hay otras donde para diario se usan platos de plástico, rayados, cada uno de un juego distinto, más plato de madera que quedó desubicado después del último asado.

La primera madre piensa que lo primero de todo es la presentación de la mesa. La segunda opina que lo principal no es el plato, sino con qué lo llenes. Hay madres que usan por igual platos hondos o planos, según lo que primero aparezca en el estante.

Otras se indignan si les sirven milanesa en un plato hondo.

Hay hijos que en su casa siempre ponen la mesa con cuchara, cuchillo y tenedor.

Si ponen así la mesa en casa ajena, viene otra madre ajena y les dice: «¿Para qué tanta cosa?».

La ponen así en otra casa distinta, y otra madre distinta les dirá: «¡Qué desastre! ¡Faltan las servilletas!».

Otro tema: Los platos, ¿se secan o no se secan? Están las que terminan de lavarlos, los secan y los guardan al momento. Y las que opinan de manera tajante: «Los platos se secan solos». Adhiero a que secar los platos es una pérdida de tiempo absurda. Otra madre amiga tiene una costumbre más rara aún: después de lavarlos, hierve un pote de agua y la rocía sobre los platos en el secador. El agua caliente se evapora de inmediato y los platos que mojó quedan secos.

¿Cuál es la mejor manera? Mejor dicho, ¿cuántas mejores maneras hay?

SOBRAS

Amor, muerte, comida: los tres grandes temas de la vida.

¿Qué hace cada madre con ellos?

Mejor dicho, ¿qué hace con lo que queda de cada uno de ellos?

De lo que deja un amor, ¿lo atesora o lo olvida?

De lo que deja la muerte, ¿lo borra o lo guarda en un arcón para l posteridad?

Y con la comida que sobra —que es lo que aquí nos compete—, ¿la guarda, la recicla o se la da al gato?

Ahí tenemos varias madres distintas. Una levanta la mesa y todo el Boeuf Strogonoff que quedó lo arroja a la basura.

—¿Qué haces? —dice otra madre.

—Lo tiro, más vale —dice la madre que tira restos.

—¿Cómo lo vas a tirar?

—¿Qué? ¿Todavía tienes hambre? ¿Vas a comer más?

—No, pero puedes guardarlo...

—¿Para qué? ¿Quién va a comer esto frío?

—Se recalienta y listo.

—¿Y comer otra vez lo mismo? ¡Estás loca!

—Bueno, no esta noche... lo comes mañana.

—¡Va a estar re pasado!

—En la nevera todo dura unos tres días en perfecto estado.

—No seas asquerosa... ¡Con perfectos hongos, dura!

—Nada que ver, ése es un plato fino y si lo guardas tienes un rico almuercito mañana.

—Mañana voy a querer otra cosa.

—Tú porque te gusta cocinar sin parar...

—No, yo me quiero y cuido a mis hijos: aquí no se comen sobras.

—No te puedo creer... Pero no lo tires, es un desperdicio.

—Bueno, cómetelo ahora.

—No quiero, estoy llena.

—¡Entonces lo tiro y basta!

—¡Dáselo al perro, por lo menos! ¡Es puro lomo desgrasado con crema!

—¡Mira si al pobre Titán le voy a dar de comer restos helados de carne mezclada con fideos pegoteados! ¡No seas miserable, por favor!

Ninguna de las dos se van a poner de acuerdo jamás. La nevera de una está llena de ingredientes y nada hecho. La de la segunda está llena con cenas de ayer y almuerzos de antes de ayer y del domingo, en perfecto estado.

Una come las sobras y cocina menos. Pero suele escuchar de sus hijos adolescentes frases del tipo: «Mamá, ¿cuántas semanas tiene en la nevera esto verde del Tupper azul?» o «¿A cuánto está eso antes de que se lo des al perro?».

La otra considera que algo que está frío es altamente tóxico y se pasa el día cocinando.

Y no se dan cuenta de que ambos estilos son absolutamente aptos para criar hijos.

La diferencia está en las madres.

La que guarda las sobras fue criada por una mamá que le decía: «¿Cómo vas dejar ese pedazo de churrasco? Piensa en los nenes de Biafra y Vietnam, lo que darían por esa comida ellos que no ven un trozo de pan desde hace meses...».

Y la que tira las sobras comía medio crepé de champignon en silencio mientras la mamá miraba «Almorzando con Arguiñano».

AGUA

Elemento esencial, la liquidez del útero, el 70 % del organismo humano. Estamos hechos de agua, del agua venimos, al agua vamos, y cuidado, no pises el agua. Sin comida se puede vivir, sin agua no. Si nos falta en el organismo la proporción ideal de hidratación, estamos en problemas: tenemos sed, tomamos unos tragos, nos emborrachamos y se acabó el problema.

Dicen que para estar en buen estado de salud hay que tomar por lo menos dos litros de agua por día. Se lo dicen a las mujeres, para que se pasen el día entero metidas en el baño, meando, y eso las mantenga tan entretenidas como para que no se les ocurra reemplazar a los hombres en el gobierno. Pero, como decía Goebbels, «Miente, miente que algo quedará», y las madres somos muy crédulas y desarrollamos un follón severo con el tema del agua.

Desde chiquitos, cuando nos caemos por una escalera a lo largo de tres pisos, y llegamos abajo con los huesos hechos polvo, dos dientes menos y un ojo hinchado, siempre hay alguien que se acerca a decirnos: «¿Te traigo un vaso de agua?», como si el agua fuera la panacea universal. El nene se golpeó la rodilla, pero hay que correr con él a la cocina para darle un vaso de agua. No se golpeó un diente, ni la lengua, ni siquiera el labio o la garganta, pero hay que darle agua, porque el agua cura todo. Toda las madres sabemos esto. Y lo transmitimos de modo tan fuerte, que lo primero que te pregunta todo el mundo cuando estás embarazada es: «¿Quieres un vaso de agua?», cuando la gente no sabe el problema de incontinencia que te da el melón de un hijo presionando la vejiga.

Las madres criamos a nuestros hijos obsesionadas por el agua, rodeándolos de agua, y obsesionándolos con el agua. El agua es protagonista de sus vidas. De hecho, muchos bebés aprenden a decir «Aba» antes de decir «Mamá». En la etapa anal se fascinan con el agua, pasarían horas volcándolas de un lado a otro, y son felices en tanto y en cuanto los dejemos empaparse.

Y también el agua forma parte de su dieta. Y aquí es donde se dividen nuevamente los estilos de madre, que con respecto al agua son tres, con subvariantes mezcladas en ambos bandos:

a) Madres de filtro de carbón activado.

b) Madres de agua corriente.

c) Madres de agua mineral (divididas a su vez en «Madres de agua mineral con gas o soda» y «Madres de agua mineral sin gas»).

Las madres de filtro son absolutamente fóbicas al agua del grifo, a la que consideran llena de pequeños monstruos transparentes que pueden corroer las entrañas de nuestros hijos. Ellas usan el filtro hasta para el agua que luego hierven. No permiten que ningún chico de la casa --ni propio ni ajeno— tome el agua corriente, aunque las visitas tomen esa agua todos los días y el vaso de agua del filtro sea el único que vayan a probar en sus vidas. Increíble, pero real.

Las madres de agua corriente confían ciegamente en el sistema de red nacional de agua potable y su «compromiso permanente con la vida». Por eso, la mamá estilo «Si tienes sed, ahí tienes el grifo» es la que vive tranquila pensando que el agua es el elemento más puro de la naturaleza, y que siempre es mejor para un chico tomar agua del grifo a toneladas que llenarse la panza con gaseosas o bebidas industrializadas, que no alimentan.

Por último, las madres de agua mineral hacen de los botellones de plástico un rito cotidiano. Como no tocan el agua corriente ni con la punta de un palo, creen que las madres de filtro son irresponsables (porque hay virus y químicos que el filtro no llega a filtrar) y que las madres de agua corriente son filicidas declaradas: sus hijos no lucen enfermos, pero tienen los días contados.

Ellas acumulan bidones, sifones y botellas descartables del líquido elemento.

Si vas de visita y dices «tengo sed» mientras abres el grifo, te saltan encima horrorizadas, como si estuvieras a punto de suicidarte, te arrebatan el vaso, te cierran el grifo y te gritan, como si fueras idiota: «¡No tomes de esa agua! ¡Te doy mineral!». Darle mineral por la cabeza es lo que quisiera una, si tuviera una piedra cerca para tirarle.

Las embanderadas de la versión con gas dicen que es más divertida de tomar y más refrescante. Las fans de la versión sin gas dicen que «su» aburrida agua sin burbujas es la única sana, que el gas hincha la barriga de los chicos y que como la sin gas no hay para hidratar a la prole sanamente. Después usan el agua mineral para hacer naranjadas a base de jugos artificiales en polvo que contienen colorante artificial, permanganato de potasio como conservante, silicatos y glutamato de boniato como gelificante, y colorantes de toda laya con 100 % azúcar, 1000 % de colesterol, cero vitaminas y un cartelito que advierte: «En caso de intoxicación, llamar al Hospital de Niños». O sea que por un lado hay empresas que se encargan de purificar el agua corriente para venderla como si fuera mineral, y después ellas arruinan todo llenando esa agua limpia con los mismos productos químicos que el empresario aguatero le sacó. Si les sacan una radiografía a sus hijos, sale todo de color rojo intenso porque tienen las tripas teñidas con el jugo «Juguilín Tropical» sabor naranja-fruta-plátano. Pero la madre jura que, aunque los revisen célula por célula, no les van a encontrar un átomo de agua perteneciente a las sucias napas freáticas de la cuenca ibérica. ¿Ah, no? ¿Y la lechuga la lavan con soda?

Finalmente, cabría mencionar las subespecies más complejas. Porque hay madres más complicadas: son las que pasan el agua mineral por el filtro de carbón activado.

Pero de ésas hablamos en otro libro.

POR MI CULPA,
POR MI GRAN CULPA

Las estadísticas demuestran que de cada 100 madres, 126 se sienten culpables por algo.

La culpa es una parte intrínseca de la maternidad. Hablando en serio, una encuesta realizada en un universo de mujeres trabajadoras de clase media determinó lo siguiente:

—Un 87 % de las mujeres encuestadas se sienten constantemente culpables por desatender temas que les van quedando pendientes en sus respectivos empleos remunerados.

—Un 48 % se siente culpable por estar descuidando al marido.

—Un 46 % siente culpas por no cuidar mejor de las tareas domésticas y todo lo que concierne a labores hogareñas. Bah, siente que la casa se le cae a pedazos.

—Un 61 % se siente muy culpable por creer que están mezquinando el trato y la atención que dedican a sus hijos.

Total: 242 % de culpa.

Semejante abrumadora cantidad de culpa alcanza para impulsar a cualquier mujer en su sano juicio a tirarse por la ventana. Por suerte, la culpa vuelve tan locas a las madres, que ellas no están en su sano juicio. Entonces sobreviven cargando esta cruz y una bonita úlcera.

Si el porcentaje de mujeres culpables por el trabajo es mayor que las culpables por los hijos, se debe simplemente a que las mujeres se sienten culpables de descuidar sus trabajos porque se la pasan pensando cómo no descuidar a sus hijos. Así que el porcentaje real de culpas por hijos se eleva al 148 %.

De alguna manera inconsciente las madres creen que la sensación de culpa permanente logra que los desastres de la vida cotidiana se arreglen solos, porque la culpa sirve siempre como alerta rojo ante problemas.

Aunque no hagamos nada por solucionarlos, al menos nos sentimos culpables por no hacer nada. ¿O alguien cree que vamos a ser unas irresponsables que van alegremente despreocupadas disfrutando de la vida? Para nada... ¡Nos estamos sintiendo culpables!

Los problemas seguirán ahí, pero nosotras no seremos tan malas madres porque la culpa invade nuestras vidas.

Esto sucede porque las madres saben que ellas son las únicas responsables de que todo ande bien en la casa, en el matrimonio, con los hijos y en el trabajo.

Y como sucede en estos casos, si algo falla, la culpa la tiene el responsable, que es una.

Así que no vale la pena negar que las madres tienen la culpa de todo.

Tampoco hay que acusarlas de masoquistas si se mortifican por haberse ido a trabajar dejando al nene en cama con fiebre, porque es culpa de ellas haberlo abandonado, y también es culpa de ellas hacer todo mal en el trabajo porque están pensando en el nene enfermo.

De las madres depende que el Universo siga en pie. Así que un solo descuido de las madres puede ser fatal. De ellas depende que los potus no se sequen, que los fideos no se pasen, que el marido no engorde, que una no suba medio kilo, que el hijo no tenga caries, que su propia madre no sufra de reuma, que el techo no tenga manchas de humedad, que el jefe no tenga demasiado trabajo y que no caiga el índice Nasdaq en la bolsa de Tokio.

Y es culpa de una darse cuenta de que una tiene la culpa.

Por eso es que las madres somos presa fácil de todo el que nos quiera psicopatear con culpas. Como siempre somos culpables de algo, toda culpa que nos echen está echada con razón. Las madres somos los únicos seres del planeta que pedimos perdón cuando nos pisan un pie y preguntamos por qué alguien nos hace un regalo.

La culpa forma parte de la moral judeocristiana. Lo curioso es que hasta las madres musulmanas, las islamistas y la budistas se sienten culpables. Y las Haré Krishna ni les cuento.

Cuando la religión de una no implica un Dios tremendo y amenazante que nos está mirando con el ceño fruncido hasta cuando estamos sentadas en el bidet, llevamos internamente la convicción de que —aunque no seamos creyentes— siempre hay alguien en nuestro entorno mirándonos con el ceño fruncido a toda hora. Porque algo estaremos haciendo mal. Y si no lo estamos haciendo, ya lo hicimos. Y si no lo hicimos, ni lo estamos haciendo, lo haremos dentro de cinco minutos. A propósito... ¿qué es ese olor a quemado? ¡Dios mío, la tarta de espinacas!

¿Hay alguna manera de aplacar culpas?

Una puede intentar corregir su comportamiento culpógeno. Pero es imposible, porque en cuanto compensa sus faltas en un área con desvelos desmesurados, esto implica que una está descuidando otra área de la vida. Entonces nos agarra la culpa de no poder cuidar todas las áreas al mismo tiempo. ¿Cómo hacen nuestras amigas que parecen siempre despreocupadas y sin culpas por nada? ¿Quieres saber la verdad? ¡Sienten culpa de noche y no pueden dormir por las espantosas pesadillas donde aparecen bebés ahogados, maridos presos y jefes furiosos que nos arrojan por el hueco del ascensor, por donde ellas caen preocupadas porque el bebé se está ahogando y el marido sigue preso por su culpa, por su grandísima culpa!

Son tanta las culpas que sentimos que conviene ir organizándolas.

CULPAS EN EL TRABAJO

Tenemos la culpa de que el jefe esté de mal humor, de que la recepcionista esté de mal humor, y de que la mujer del jefe esté de mal humor. También es nuestra culpa que se haya acabado el café, el papel del fax y la tinta de la impresora. Es culpa nuestra que la empresa no nos nombre «la empleada del mes», y de no haber sido ascendida en el último año. También tenemos la culpa de que la canguro nos llame al trabajo y ocupe el teléfono preguntando cómo cuernos se hace para que un chico vuelva de la casa del amigo a la hora pactada.

Nos mortifica y llena de culpa no poder vestirnos tan elegantemente como la secretaria del jefe porque no tenemos tiempo de comprar ropa nueva, porque aunque la compremos nos quedaría mal, porque tenemos cinco kilos de más y, básicamente, somos culpables de no tener idea de qué ropa está de moda.

La culpa es nuestra si llegamos tan temprano como para que el jefe sienta que competimos con él y tan tarde como para que piense que descuidamos nuestro trabajo.

Si en nuestro puesto nos destacamos trabajando a destajo, los demás nos odian porque ponemos en evidencia su vagancia, y eso nos hace sentir culpables.

Si hacemos un poco el vago con el grupo, nos sentimos culpables de estar decepcionando al jefe.

Si trabajamos mucho fingiendo ante nuestros colegas que no estamos haciendo gran cosa, sentimos culpa por engañarlos.

Si alguien nos quiere quedarse con nuestro puesto, nos sentimos culpables por haber transmitido la idea de que tal cosa era posible porque nos mostramos débiles.

Y si nos enojamos con el que nos critica y nos serrucha el piso, nos sentimos culpables porque tal vez, en nombre de la armonía, había que dejar pasar la situación en vez de contraatacar. ¡Y capaz que le pedimos disculpas al que nos quería ver muerta!

CULPAS EN EL HOGAR

La cocina gotea, el baño chorrea y el salón tiene un lamparón de humedad. ¿De quién es la culpa? De una, que todavía no llamó al albañil. No lo llamamos porque siempre andamos corriendo. Pero la trampa es que si llamamos al albañil desde el trabajo, nos sentimos culpables por ocupar el teléfono de la oficina llamando al albañil por un tema tan personal. Así que ya vemos que las culpas se traspasan e interconectan y difunden de un área a la otra de la vida, penetrándolo todo. En casa somos culpables por no haber tenido tiempo de cocinar algo rico para guardar en el congelador para cuando lleguen los chicos de la escuela. Pero también nos llena de culpa sentir dolor de espaldas, porque la culpa es nuestra, que no fuimos al médico a preguntar qué es ese dolor.

Nos llena de culpa no poder explicarle claramente a la sirvienta lo que necesitamos que haga primero, pero si se lo decimos con amabilidad, nos sentimos culpables por no saber dar órdenes claras y firmes. Y si se lo decimos con firmeza, nos vamos a trabajar sintiéndonos culpables de haber tratado mal a la sirvienta lo que cuesta reemplazarlas! Entonces llamamos a casa desde el trabajo para pedirle disculpas, lo que nos llena de culpas porque el teléfono del trabajo no está ni para llamar albañiles ni para usarlo pidiéndole disculpas a una sirvienta.

CULPAS CON LAS AMIGAS

Años sin llamarlas y cuando las llamamos es para quejarnos. ¿Eso no culpabiliza a cualquiera? No, hasta que pasa demasiado tiempo sin tener noticias de ella. ¿Habremos estado muy pesadas la última vez que le contamos toda nuestra gastroenteritis con todo lujo de detalles? ¿Hablamos demasiado mal de María, y por eso está decepcionada y cree que somos una chusma? Si hubo alguna pelea con alguna de ellas, (supongamos que porque quiso sacarnos el marido) nos sentimos culpables de haberlo descuidado a él y de haberle dicho a ella que a él ella le parecía la más atractiva del grupo. ¿No lo ven? ¡La culpa es siempre propia! Nos llena de culpas olvidar el cumpleaños de una amiga. Entonces reservamos el regalo para dárselo cuando la volvamos a ver. Y terminamos sintiéndonos pésimo al entregarle una bella bufanda... en agosto.

Si una amiga nos visita de sorpresa, nos sentimos culpables porque no tenemos canapés y porque tiene que patear juguetes a su paso para que no se rompa el alma pisando un patín. Nos sentimos mal porque nuestra casa está desordenada, y luego nos sentimos peor por ser tan tontas de sentirnos mal porque una amiga cae de sorpresa. Si es una amiga de verdad, ¿cómo no va a haber confianza? Pero igual nos da culpa.

CULPAS CON EL MARIDO

¿Cómo no sentir culpas hacia el hombre que llega siempre reventado de trabajar, para encontrar en casa a una mujer agotada y quejosa, que le llena los ojos de facturas impagas y le recalienta sobras del almuerzo?

Hasta un criminal condenado a perpetua merece un trato mejor. Por eso arrastramos esa culpa durante todo el día, desde que él se va a trabajar hasta la noche, y en el momento en que llega lo recibimos con un: «Estoy agotada... y encima tienes que pagar todas estas facturas».

Si nunca encuentras el momento de hacerle canelones de ricota, o fresas con nata batida que él adora, si nunca te parece buen momento para hacer el amor y nunca le dices algo agradable, la culpa llega a alturas astronómicas. Y si justo en medio de la culpa él se enferma mucho o te deja por otra, la culpa llega a límites galácticos.

Pero la peor culpa de todas es cuando sacas su camisa blanca favorita con lamparones rojos del lavarropas, porque entre la ropa blanca quedó un calcetín color carmesí. Tal vez él te diga de todo. Pero tal vez, resignado, te diga: «Paciencia. Pero a partir de ahora deja mi ropa aparte que me la lavo yo», Y esto nos llena de una extraña mezcla de culpa y humillación, que tratamos de tapar detrás de un pensamiento de «Mejor: menos ropa para lavar».

Y hay una culpa de la que él nunca se entera. Que es la de haberle dicho a los chicos «Ya vas a ver cuando llegue papá», dejándolo a él como a un monstruo despiadado, y pedirle entre el pollo y la ensalada que se enfade terriblemente con el menor, que a las cuatro de la tarde tiró la leche por la ventana en medio de un berrinche. Lástima que la culpa la sentimos al día siguiente, cuando ya metimos la pata.

CULPAS CON LOS HIJOS

Cuando los hijos son chicos, una se siente culpable porque no sabe cómo manejarlos, cómo alimentarnos, cómo calmarles los berrinches y cuándo la fiebre es peligrosa y cuándo es de rutina. Si no les damos un caramelo nos sentimos culpables por no darles un instante de alegría. ¿O acaso un chico no merece un caramelito? ¿Qué clase de infancia es una infancia sin una mamá que da caramelos? Apenas se lo termina de dar, una se siente culpable porque el caramelo le llena los dientes de caries y le saca el apetito. Y sabemos que por su sangre va a circular una mezcla de glucosa, tartrazina, goma guar, sabor artificial de frutilla y colorantes E56 y E755, en vez de una buena mezcla de fibra, vitaminas A, D y C, magnesio y proteína pura que hubiera circulado en sus venas si no le dábamos el caramelo y, en cambio, el chico terminaba sus lentejas. Uñas largas y negras, pero si se las cortamos lloran, más culpa. Si es gordo es nuestra culpa, si es flaco también, y si está muy bien está ocultando algo y hay que llevarlo a terapia, pobre chico escondedor.

Nunca les doy dinero, pero si les doy se malcrían y creen que todo viene de arriba. ¿El castigo fue exagerado? ¿Los estoy alejando de los amigos, de tanto decir que si no estudian no pueden invitar a nadie a casa? ¿Le doy más importancia a mi trabajo que a ellos? ¿Están pasando una infancia feliz? ¿Puedo discutir con su padre delante de ellos? ¿No estuve demasiado dura diciéndole vago porque estuvo cuatro horas ganduleando y no hizo la tarea? ¿No es demasiado joven para que lo obligue a hacer jugo de naranjas sin fuerza en las manos? Esperé todo el día para verlos, ¿y cuando llego los mando directo a la cama? ¿Y cuándo podré estar realmente con ellos, conversar con ellos? ¿Los dejo ir a ese viaje de fin de curso con esa empresa medio dudosa? ¿O les digo que no los dejo, y después me odian por no haber tenido viaje de estudios, como el resto de sus compañeros?

Las divorciadas, en particular, arrastran una culpa como un yunque, que es la de no haberles podido brindar un hogar entero y bien constituido, con papá «cama adentro». A ellas las persigue el pensar: ¿les estaré hablando mal del padre? ¿O lo estoy endiosando demasiado para que no crezcan diciendo que lo critiqué? ¿Estoy demostrando celos?

¿Les dejo demasiado poco tiempo con el padre? ¿Tengo que ponerme firme con el padre para que vea más tiempo a los chicos, o a ellos les hace peor que siga discutiendo con el padre? Y si sigo discutiendo con el padre, ¿para qué diablos me divorcié?

CULPAS CON EL PERRO

Un perro que nos mira con cara de carnero degollado es lo peor que nos puede pasar. Especialmente si lo tenemos abandonado. Supongamos que venimos de una semana de trabajo especialmente duro. ¿Quién se acordó del perro? ¿Acaso alguien se acordó de sacarlo a pasear, de bañarlo o de darle las galletas contra el sarro? No, nadie. Aunque el perro sea de Florencia y de Lucas, la que lo cuida es siempre una. ¿Para qué lo tenemos si no le damos importancia? Hace una semana que no lo llevamos a correr, y justo el veterinario nos dijo que necesita ejercicio, ¿qué clase de dueños somos?

¿Y si está frustrado porque no tiene novia? ¿No puede tener una alegría, alguna vez? No hay derecho: sabemos que él daría su vida por nosotras, ¿y así le pagamos, olvidándolo encadenado en el fondo?

CULPAS CON TU PROPIA Y CULPOSA MADRE

Cuando los padres están sanos y enteros nunca tenemos tiempo de preguntarles cómo andan de salud. Pero cuando se empiezan a enfermar y a ponerse viejecitos, nos damos cuenta de la poca atención que les dimos.

Sentimos culpa porque el médico nos dijo que ella siempre tuvo osteoporosis y por eso se quebró la cadera, y una recién se entera ahora. Sentimos culpa porque sólo llamamos a mamá cuando la necesitamos para que se quede un rato cuidándonos a los chicos. Sentimos culpa porque la criticamos con el analista, y porque nos casamos con el tipo que a ella menos le gustaba.

Culpa porque no le prestamos atención a nuestro papá, y culpa porque él nunca se queja de nuestra manera tan distante de tratarlo. Culpa porque no le hicimos caso cuando nos dio un consejo sabio, y porque hicimos varias veces lo contrario de lo que nos sugería.

Pero la culpa con los padres es la que más dura, porque la escuchamos a mamá, que nos lo confirma:

—Sacrifiqué todo por ti, y sólo me llamas cuando quieres que te cuide a tu hijo.

Y nos sentimos culpables de odiarla por ser capaz de chantajearnos de manera tan evidente.

—¿Qué te pasa, hija?

—Me siento tan culpable...

—¿De qué?

—De un montón de cosas.

—Está bien, pero si no sales ya a buscar a tu hijo, se va a quedar solo en la acera de la escuela, con la puerta cerrada y llorando porque todos se fueron y él no...

CÓMO SER CULPABLE Y DISFRUTAR DE LA VIDA

El problema fundamental con las culpas es que las madres no nos resignamos a no poder hacer todo a la perfección. Una madre menos que perfecta nos suena a una madre un poco trucha, alguien que es menos que una madre.

Sin embargo, nadie, absolutamente nadie, es perfecto en todo. Hasta Einstein se equivocó, hablando maravillas de la bomba nuclear. Los hijos de famosos con la mejor educación del mundo, como los hijos del príncipe de Gales, Marlon Brando o el primer ministro inglés Tony Blair, tienen terribles problemas con el alcohol y las drogas.

¿Por qué entonces una no habría de equivocarse, si tiene mucha menos experiencia que los antedichos?

Si estás con tanta culpa que no puedes ni pensar, lo ideal es ir a terapia. En dos sesiones, el terapeuta te va a decir que tú no tienes tanta culpa en el trabajo, porque la verdad es que toda la culpa la tienes en casa. Y que no es cierto que tu hijo tiene carácter podrido porque sus genes lo determinan, sino que la culpa es tuya porque nunca supiste ponerle límites. Y que en realidad tampoco puedes culparte por todo, porque la culpa de que hayas hecho tantas cosas mal es tuya, por no darte cuenta de que todos estamos sujetos a equivocarnos, y cuantas más cosas hace una (¡y con todo lo que abarcamos los madres!), en más cosas nos equivocaremos. Por último, el terapeuta va a pronunciar las palabras mágicas que nos liberan de las culpas, y es cuando dice que la culpa de todo la tiene la madre de una, que nos crió llenas de culpas.

FINAL: LAS ÚNICAS PRIVILEGIADAS SON LAS MADRES

Una de las principales gracias de la maternidad es la de permitirnos revivir nuestra infancia, sorprendernos con aspectos nuevos de las cosas más cotidianas, como el comportamiento de las palomas de la plaza, que antes ni percibíamos que estaban ahí, pero las vemos porque les fascinan a nuestros hijos.

Una revive la época en la que quedarse a dormir en casa de una amiga era mejor que ir a Disneylandia, y en la que ver que mamá cocinaba una torta de chocolate era una espléndida noticia.

Qué bueno era conformarse, como lo hacen nuestros hijos, con ver la misma película y releer la misma revista de historietas mil veces, disfrutándola siempre tanto como la primera vez. Qué bueno poder ver la tele para divertirse y no para evadirse de los problemas que no queremos enfrentarnos.

Cuando somos madres volvemos a volar con la fantasía como cuando al imaginar qué queríamos ser cuando fuéramos grandes pensábamos en cinco carreras totalmente distintas, seguras de que si ser veterinaria no nos gustaba, una siempre tendría tiempo para ser arqueóloga o astronauta.

Además, criar hijos equivale a tener alojados en tu casa a El Gordo y el Flaco, Los Hermanos Marx y a Les Luthiers, contándote sus mejores ocurrencias a lo largo de todo el día y por todos los rincones de la casa. Como cualquier grupo de capocómicos, competirán entre ellos y te tomarán el pelo a ti, pero vas a estar riéndote una buena parte del tiempo.

212 ÁNA VON REBEUR

Cada hijo que tienes te permite participar de cerca de otra vida, ser testigo de todo lo que le pasa, guiarlo y acompañarlo, comprender qué manera particular tiene cada hijo de disfrutar, de sufrir y de sobrellevar los obstáculos. Con un hijo, tu vida se amplía, se expande, se agranda y cobra una nueva dimensión. Sólo pensar que esa personita no existiría si no hubieras querido traerla, pone la piel de gallina. Antes de tenerlos, no puedes imaginar cómo será tu vida con ellos. Después de tenerlos, no concibes al mundo sin ellos.

«¿Qué hice yo para merecer esto?», se pregunta una cuando está levantando por milésima vez las 2.500 piezas de un rompecabezas, que siempre aparece desparramado en el camino de la cocina al salón. Pero también se pregunta lo mismo en el momento en que se da cuenta de que sus hijos están sanos y se lo está pasando bomba tirada en la alfombra con ellos, armando juntos el mismo rompecabezas que hace un rato pensaba tirar a la basura con tal de no ver más las piezas debajo de los sillones y entre las patas de la mesa.

—¡Mamá, ya armé el bosque! ¡Soy un genio!

—Y yo armé el trigal... —contesta una—, ¡uy, ya veo espigas por todas partes!

—¡MAMI, TÚ TAMBIÉN ERES GENIAL!

Y una se alivia pensando que tal vez no sepa ponerles límites, aconsejarles correctamente, marcarles la diferencia entre hacer las cosas rápido y hacerlas bien. Tal vez se equivoque acusándolos de faltas que no cometieron, o les melle la autoestima con demasiadas críticas.

Lo más probable es que una meta la pata todos los días. ¡Pero al menos es un genio armando trigales de cartón!

Si existiera una Universidad de Madres donde te pudieras recibir con título de Ingeniera en Crianza, Licenciada en Maternidad o Madre Perfecta, nunca habría vacantes y estarían permanentemente ampliando los pabellones: todas querríamos anotarnos en cursos donde nos expliquen cómo lograr que un hijo asuma responsabilidades, cómo y cuándo poner límites sin sentirnos culpables por privar a un niño de una alegría para que escarmiente o por prohibirle a una adolescente estar con sus amigos porque ayer llegó tres horas tarde a casa.

Aprendemos a ser madres a los golpes, con el método de «prueba y error», con la eventual ayuda de alguna psicoterapia, algún consejo de otra madre experta, un libro que nos ilumina al paso con una página de lógica imbatible o un pediatra que te canta la carta. Cuando ya sabemos al dedillo cómo tratar a los hijos, ellos pasan a una etapa distinta que no tenemos idea de cómo manejar. Y llegamos a saber casi todo sobre la maternidad justo cuando se están yendo de casa, ya grandes e independientes.

Queremos ser madres perfectas, y no sabemos si llegamos siquiera a la categoría de «buenas».

Por esos vivimos como radares con patas, en estado de perpetua atención, tratando de captar señales emitidas por nuestros hijos que nos indiquen si estamos haciendo las cosas bien o no.

Para mí una señal de que funciono de manera aceptable como madre es la de escuchar a mi hija diciendo: «¡Mami, estoy tan contenta!» o verles a todos en las caritas esas sonrisas no fingidas que indican que lo están pasando bien, que están entusiasmados, que quieren vivir la vida a pleno, que se animan al desafío permanente de crecer. Otra señal es cuando me preguntan: «¿Hoy vas a estar en casa cuando vuelva de la escuela?». Y si respondo «No, porque tengo que quedarme trabajando en el centro», responden un auténtico y sincero «¡Ufa!» en vez del habitual «¡Upi! Así puedo usar yo el ordenata». ¡Caramba! ¿Aun cuando una se lo pasa protestando y gritando todo el día, ellos quieren que estemos en casa? Es realmente un dato para alegrarse.

La otra señal me la reveló el escritor Pablo de Santis en un reportaje que le hicieron para el Día del Padre, cuando dijo que pocas felicidades en la vida se comparan a la de encontrarte con tu hijo casualmente por la calle —o cuando un hijo se sorprende al verte entrar en la escuela o el club, cuando menos se lo esperaban— y sonríe de oreja a oreja, sorprendido y feliz de verte ahí.

Existen momentos en que sentimos el corazón henchido de felicidad por estupideces mayúsculas o nimiedades casi imperceptibles, como ver que los hijos se las ingenian por un raro momento para jugar juntos sin pelearse ni insultarse, y que, en vez de gritos, de su cuarto salen risas. O cuando vemos que nuestras palabras de consuelo pudieron convertir las lágrimas de un hijo en sonrisas. O cuando nos hacen sentir que para ellos no somos siempre esa bruja pesada que los persigue dando indicaciones odiosas como: «Anda a bañarte», «Lávate las manos», «Ponte el delantal», «¿Hiciste los deberes?», «Suénate la nariz», «Átate los cordones», «Come sobre el plato», «Levanta lo que tiraste», «Lleva la llave», «Cuidado al cruzar», sino que, además de necesitarnos, les gusta estar con nosotras.

¿Nos pasamos dando órdenes tediosas y aún sonríen al vernos? ¿Estos chicos están locos?

No. Esto significa que algo bien habremos hecho. Y tal vez sigamos haciendo las cosas bien. Como canta Julie Andrews en *Sonrisas y Lágrimas,* en la tan feliz escena donde le confiesa su amor al capitán Trapp: *Nothing comes from nothing/ nothing ever could/ for somewhere in my youth or childhood/ I must have done something good* («Nada viene de la nada/ ni puede venir de la nada / en algún momento de mi infancia o de mi juventud / habré hecho algo bueno»).

ÍNDICE